뿌뜨리 언니

김병숙

김명숙
수필집

뽀뜨리 언니

수필과비평사

프롤로그

    글 좀 써 보겠다고 어쭙잖게 창작의 길에 들어선 후 십여 년 만에 《종지봉》으로 묶었더랬습니다. 《종지봉》을 출간한 지 벌써 4년이 흘렀습니다. 저에게는 지난 4년이 '변화'하는 자신을 바라보는 시간이기도 했습니다. '변화'는 때론 아픔이기도 하고 한편으로는 성장이기도 합니다.

    다시 채운 곳간을 열어 숲을 보자 한 그루 한 그루에서는 보이지 않던 저의 변화가 확연하게 보입니다. 그 변화를 의도적으로 추구한 것은 아닙니다. 시절에 자신을 맡기고 평범한 일상을 살아내면서 시대와의 끊임없는 대화를 통해 자연스럽게 맞이한 결과물입니다.

    특히 눈에 띄는 것은 짧은 기간 동안 자신이 지극히 '사회적인 동물'이 되어 있었다는 사실입니다. 1집에서는 통과의례처럼 고향·부모·자식에 주로 초점이 맞춰 있었다면, 2집에서는 사회·정치·경제 등에도 발을 담그고 넋두리를 하고 있더군요. 신념인지 아집인지 구분이 모호한 경계를 넘나드는 혼잣말로 인해 저 스스로도 심기가 약간 불편할 정도였습니다.

그렇지만 세상을 바라보는 자신의 생각을 말하는 것도 필요하지 않을까요. 무기가 달리 없는 촌 아낙의 펜 끝이 날카로울 리 만무하지만 시골구석 어딘가에도 사회를 이해하려고 애쓰는 존재가 있다는 것을 드러내고 싶었나 봅니다. 시대상을 감안하여 창작 시기 순으로 엮은 《쁘뜨리 언니》는 지난 4년간 변화하는 시대와 자신을 바라보며 고뇌한 흔적입니다.

짧고도 긴 시간 동안 많은 것들이 달라졌습니다. 하지만 그대로인 것도 있습니다. 변변하게 내세울 것이 없는 엄마를 딸과 아들은 여전히 잘 따라줍니다. 무엇보다 고희를 눈앞에 두셨으면서도 천방지축인 이 문우를 위해 졸고를 살펴봐 주신 산내 선생도 여전합니다.

그러고 보니 주변에는 변하지 않은 것들이 더 많은 것 같습니다. 귀한 마음을 조건 없이 나눠 준 다은, 예담, 채빈에게도 고마운 마음을 전합니다. 빠르게 변하는 시대지만 이 모든 것들이 오래 남길 소망합니다.

2020년 시월에

김명숙

차례

프롤로그 • 4

1부 무슨 일인가요?

관어재觀魚齋 • 12
상실 • 18
늙은 호박 • 23
벽화 • 29
유통기한 • 35
역행逆行 • 41
충주 작은아버지 2 • 46
심중 셈법 • 53
내 말 좀 들어보우야 • 60

2부 별일 아니에요

종애와 남일 • 68

정유년사丁酉年思 • 74

연분緣分 • 79

바위 속 그물 • 85

호상好喪 • 90

개안開眼 희망기 • 96

미친년, 미친놈 • 101

태움 • 107

이불 터는 아줌마 • 114

3부　다만 부러울 뿐이에요

감정노동 • 122

혼밥 • 129

부러운 사진 한 장 • 135

사회적 알람 • 141

배달의 민족 • 146

버팀목 • 151

먹방 • 157

조작의 시대 • 164

은감불원殷鑑不遠 • 173

4부 부러워하면 지는 거예요

삐딱한 눈으로 보면 • 180
줄 서기와 줄서기 • 186
손에 핀 장미 • 194
묵직한 군번표 • 201
품앗이 • 206
소망과 욕망 사이 • 212
공짜가 뭐길래 • 218
내가 너였더라면 • 223
불후의 명작 • 228

5부 정신 차리세요!

앞니 빠진 아Q • 234
특별한 휴가 1 • 239
특별한 휴가 2 • 245
풀무질 • 251
나를 찾다 • 255
내 방 • 260
사진 단상 • 265
걸림돌과 디딤돌 • 271
쁘뜨리 언니 • 277

출간을 축하하며
윤경화(수필가) • 285
김예솔(딸) • 287

1부 무슨 일인가요?

관어재觀魚齋 | 상실 | 늙은 호박 | 벽화 | 유통기한 | 역행逆行 |
충주 작은아버지 2 | 심중 셈법 | 내 말 좀 들어보우야

관어재 觀魚齋

선인의 자취를 좇는 일은 가슴에 등 하나를 켜는 일과 같다. 다산 선생의 고독했던 한때를 짐작인들 할 수 있을까마는 초당을 향하는 가파른 산길에서 선생의 숨결이 느껴지는 듯하다. 만인의 발길 탓에 '뿌리의 길'이 되어 버린 옛길은 식음을 멀리하여 피골이 상접한 누구의 가슴인 것만 같다. 그 길을 오르내리며 다산은 뿌리의 갈래만큼이나 수많은 생각의 올을 풀고 감기를 되풀이하지 않았을까. 앙상한 늑골과 같은 길을 오르자니 가쁜 숨보다 마음이 앞서 초당에 닿는다.

길 끝의 계단을 딛고 올라서면 초당을 비롯하여 서암과 동암 등 다산 선생이 유찬되었을 당시 삶의 일부를 품고 있는 공간을 만나게 된다. 이백여 년 전의 지조 있는 선비가 숨 쉬던 거처를 마주하는 반가움과, 유폐된 자의 오두막이었던 터에 초당은 어울리지 않게 기와를 올린 목조 건물로 자리하고 있어 아쉬운 마음이 만덕산 자락의 바람 한 줄기와 섞인다.

그간 책으로나마 강직한 성품과 다재다능하면서도 깨친 학자라는 면을 흠모하던 터였다. 그의 방대한 저술의 공간이자 애석한 마음을 가다듬어야 했던 초당의 그림자라도 밟아보기를 갈망했었다. 그리던 만덕산 남쪽 자락에 닿자 정작 나의 마음을 끈 것은 초당도 아니며 동암도 아닌 연지석가산蓮池石假山과 연못을 내다볼 수 있는 관어재觀魚齋였다.

연지석가산은 초당 곁에 원래 있던 못을 다산 선생이 집터만큼 넓히고 바닷가의 돌을 주워 연못 가운데에 쌓아 만든 작은 돌무더기다. 예사로운 돌을 쌓아 석가산이라 이름한 데에는 선생 나름의 수신修身의 노력이 숨어 있는 듯싶다. 대학자였다고는 하지만 성족盛族에서 졸지에 남도로 내몰린 폐족廢族이 된 안타까움은 어쩔 수 없이 마음 한곳에 똬리를 틀고 있었을지도 모른다. 돌을 고르고, 소나무 사잇길로 산언덕을 오르고, 연못 가운데에 하나하나 쌓는 등의 행위는 자신을 무시로 다스리던 수단이 아니었을까.

대롱 끝에서 떨어지는 계곡의 물은 고요한 연못에 운율을 더하며 적막한 산정에 생동감을 준다. 군더더기 없이 가지를 친 동백나무와 흘러가는 구름을 담고 있는 못 가장자리에 이런 장치를 해 둔 것 역시 선생에게는 수양의 방편이었을 것이다. 몸이 멀리 있는 처지에서 자식이 경전 공부를 게을리하지나 않을까 걱정하는 등의 끊임없이 올라오는 잡념을 떨치려는 선생의 발상이었을 듯하다.

연못을 향한 관어재 마루에 앉아 그 옛날 선생이 취했을 법한 자세를 하고 상념에 젖는다. 하루아침에 몰락한 자신의 처지를 본인보다 남들이 더 빠르게 알아차리고 냉대한다면 관직을 잃은 슬픔과 일가와 생이별해야 하는 아픔은 배가 되지 않을까. 주막의 한 칸 방과 산자락에서 자신을 끝없이 추슬렀을 다산의 심사를 헤아려보려 하지만 감히 짐작을 할 수 없다. 다만 자식을 둔 입장에서 선생을 헤아리자니 곤궁한 자신의 처지보다 자식의 장래를 걱정하며 밤을 하얗게 보냈을 아버지의 마음 한 가닥이 잡힌다.

사실 나는 연지석가산보다 관어재에 더 마음을 빼앗겼다. 관어재는 문을 열어놓고 연못을 내다볼 수 있는 초당의 한쪽 방에 붙은 이름이다. 맑은 산허리의 소박한 공간에서 연못을 내다보는 모습만으로는 선비의 유연자적함을 연상할 수 있다. 그러나 나는 관어재 앞에 서서 진흙으로 빚은 듯이 앉아 있는 선생의 모습을 느낀다. 떨어지는 물소리에 놀란 잉어가 헤엄을 치는 것을 보아도, 그림 같은 풍광을 감상하며 시 한 수가 떠올라도 마음 깊은 곳에 자리한 쓸쓸함은 지울 수 없을 듯한 모습.

가끔은 연못에 떨어진 붉은 동백꽃과 쾌청한 하늘 한 자락도 함께 감상하였겠지만 한 인간으로서 회한에 젖기도 하였을 것이다. 정조의 총애를 받던 엄아淹雅한* 선비였지만 먼 곳에 와 머물러야 하는 현실을 때로는 인정하기 힘들었을지도 모른다. 그랬기에 모진 시련의 시간을 도리어 후진 양성과 방대한 저술활동으로써 승화시켰는지도 모르겠다.

손수 판 약천에서 물을 길어 주변의 솔방울을 주워 차를 끓이면서도 멈추지 않고 솟는 우물의 물처럼 생각이 그치지 않았을

---

* 엄아淹雅하다 : 학식이 넓고 깊으며 인품이 고상하다.

것이다. 복사뼈에 세 번이나 구멍이 날 만큼 독서와 저술에 매진한 것도 어쩌면 감당하기 어려운 현실을 이겨내려는 몸짓이었을지도 모른다. 그렇지만 번뇌에 쓰러지지 않고 높은 정신력과 이상으로 날마다 자신을 다독이며 꿈을 꾸었기에 성인에 가까이 이르지 않았을까 싶다.

초당의 여러 흔적 중에 관어재만큼 다산 선생을 다잡아 준 것도 없을 듯하다. 관어재는 다산이 화려한 수식을 다 내려놓고 사사로운 감정으로 돌아가 아들에게 아버지 역할을 하는 데 이바지했다고 짐작한다. 관어재에 앉아 멀리 있는 아들에게 이런저런 훈계와 다시 집안을 세울 수 있게 힘쓰라는 당부를 담아 서간을 쓰기도 하였을 것이다. 문득 절망감이 산중의 밤처럼 덮쳐 와도 연못을 내다보며 정신을 가다듬거나 그리움을 달래기도 하였을 것이다.

초당이나 동암이 저술과 학문 연마와 후학 양성의 공적인 공간이었다면 관어재는 선생이 가족을 그리워하고 가문을 생각하는 등의 인간다운 정서를 유지하게 한 개인적인 공간으로서의 의미가 컸다고 여겨진다. 어쩌면 관어재가 있었기에 한 지성이 꼿꼿함을 잃지 않고 오랜 기간 뒤에 해배(解配)가 되어 뒤늦은 감격을 맞이

하지 않았을까.

소박하면서도 단정한 관어재의 활짝 열린 문 앞에 놓인 쪽마루에 앉아 확신한다. 관어재는 누구보다 다산의 속내를 말없이 알아준 지음이었다는 것을. 설사 당시에는 실존하지 않았던 가상의 공간이라고 하여도 선생에게 꼭 필요한 곳이었음을.

(2016. 5.)

상실

'두껍아, 두껍아. 헌 이 줄게, 새 이 다오.' 하면서 빠진 이를 지붕 위에 던져야 새 이가 나온다고 믿었던 어린 시절에 나는 이가 빠지고 새로 나지 않을까 봐 겁이 났다. 빠진 작은 유치를 꼭 쥐고 주문처럼 '두껍아'를 진지하게 외고 난 다음 간절한 마음을 담아 지붕 위로 던지곤 했다.

내가 유치를 갈 무렵에는 어머니가 나의 이갈이를 참견하지 않았다. 손이 쉴 짬이 없는 어머니 대신 큰오빠가 해주었다. 이가 흔들리면 엄지와 검지를 이용해 수시로 흔들어 빠지기 쉽게 하라고 일러주기도 하고, 무명실의 끝을 이에 묶고는 방문 고리에 연결해 갑자스럽게 문을 잡아당기는 바람에 나를 놀라게 하기도 했다. 육 남매의 다섯째라 터울이 많이 나는 큰오빠가 나의 이 관리를 해준 셈인데, 그 덕분인지 나의 잇바디*는 남부럽지 않을 만큼 고른 편이다.

그런데 치열이 고른 것은 보기에 좋을 뿐이지 딴에는 치아 관리를 한다고 했는데도 날이 갈수록 이가 말썽이다. 하긴 이런저런 이유로 최근에는 정기검진 받는 것에 신경을 덜 썼다. 그러다 얼마 전에 잇몸이 부어 양치질을 할 때마다 아팠다. 전에도 같은 증상이 있었지만 피로한 탓이겠거니 하고 있다 보면 그럭저럭 살 만해서 넘겼다. 이번에는 별러서 치과에 갔다. 별것 아니라 과로한 데다 영양이 부족해서 그렇다는 단순한 결과가 나오기를 은근히 기대했다. 하지만 자신의 치아 상태를 너무 모르고 있었다는 사실을 곧 알게 되었다.

벌거벗은 듯이 뿌리까지 다 드러난 나의 치아가 모니터에 떴다. 치과의사는 잇몸 뼈가 약해서 어금니가 흔들린다고 설명해

---

* 잇바디 : 이가 죽 박혀 있는 열列의 생김새.

주었다. 그러다 보니 자주 염증이 생기고 붓고 아프다는 것이다. 이러한 상황에서는 이를 빼고 임플란트를 하는 것이 빠르면 빠를수록 좋다는 말을 했다.

치과의사가 '치아 상태가 많이 좋지 않다.'며 상황을 알려주는데도 나는 이상하게 남의 이야기처럼 들렸다. 건강이 오기로 가능하다면 남보다 뒤지지 않을 자신이 있었으니 건강할 것이라고 과신했던 것 같다. 어금니 두 개를 빼고 새 이를 해 넣어야 한다는데 나는 돈 걱정에 앞서 내 이가 허술하다는 것을 인정하기 싫었다. 평소에 소신을 갖고 살아온 것처럼 치아 또한 자기가 하기 나름이라는 해결방식으로 접근하며 나는 사실을 받아들이지 않고 쓸데없는 오기를 부렸다.

평소에 양치질을 할 때 좀 시리긴 했지만 그 정도는 아닐 거라고 눈감았던 방심이 고개를 들었다. 지인의 소개를 받아 다른 치과에도 가 보았지만 같은 결론이 나왔다. 이제는 나의 일임을 인정하지 않을 수 없었다. 그러자 어금니가 전보다 더욱 시리고 아픈 느낌이 들었다. 더 끌어봤자 득 될 것이 없겠다는 생각에 일단 어금니 한 개를 뽑고 왔다.

삶이 한 단락 지날 때마다 기억 속의 한 장면이 겹치는 경험을

쁘뜨리 언니

한다. 지금껏 간직했던 어금니를 마흔넷에 하나 잃고 돌아오면서 쉰이 되기 전에 틀니를 했던 어머니가 생각났다. 어머니가 언제 틀니를 했는지 나는 정확히 모른다. 어느 날 어머니는 입속에서 분홍색을 띤 치열궁을 꺼내더니 칫솔질을 하였다. 이가 박힌 잇몸을 씻고 있는 어머니가 신기했다. 위아래의 틀니를 모두 빼내 쪼그라든 어머니의 입은 더욱 생경스러웠다. 어머니의 얼굴과 씻고 있는 틀니를 번갈아 보며 징그럽고 끔찍하다고 생각했다.

돌아보면 한집에 살면서도 어머니가 언제 이가 아팠고 언제 이를 빼고 언제 틀니를 했는지 몰랐던 나를 이해할 수 없다. 말할 수 없이 무심한 딸이었으면서도 자신이 겉은 멀쩡해 보이나 속은 서서히 고쳐야 할 것 천지인 탓을 어머니에게로 돌린다. 어머니의 치아가 부실했으니 내가 그걸 물려받아서 이렇다는 식의 비겁한 원망이라도 해야 자신이 덜 부끄럽고 덜 초라할 것 같기 때문이다.

이튿날에 어금니 한 개를 마저 뺐다. 거즈를 빼고 나서 이가 빠진 자리에 혀끝을 슬쩍 가져가 보았다. 혀가 쑥 들어갈 정도로 큰 동굴이 생긴 것에 놀랐다. 이 하나쯤이야 대수롭지 않게 생각했는데 텅 빈 느낌이다. 비어 있는 곳으로 발음이 샜다. 업무상

무슨 일인가요?

말을 많이 해야 하는데 보통 어색한 것이 아니었다. 씹는 것도 제대로 하지 못하게 되자 하루 이틀 만에 입맛도 달아나버렸다. 어머니는 모든 이를 뽑고도 아무 말씀이 없으셨는데 나는 달랑 두 개의 어금니를 빼고는 남은 치료를 어떻게 할 것인지 두 달 후의 일을 걱정하며 떠벌린다.

  이가 없으면 잇몸으로 산다고 하지만 참으로 부적절한 말이다. 물론 비유이겠으나 이가 없다고 잇몸으로 살아야 한다면 서글프거나 비참해질 것 같다. 단단하거나 질긴 음식은 아무리 좋아하는 것이라고 해도 선뜻 먹기가 어려울 것이다. 사는 즐거움 중에 먹는 낙도 빼놓을 수 없는데 무른 음식만 섭취해야 한다면 무슨 재미로 살까. 알맞게 익은 깍두기를 아작아작 씹어대는 모습을 넋 놓고 바라보게 될 줄 미처 몰랐다.

  새끼손가락 끝마디보다 크고 피가 묻은 어금니를 달라고 해서 옛날처럼 꼭 움켜쥐고 두껍에게 염원한 뒤 던질 걸 잘못했다고 후회를 한다. 그랬더라면 머지않아 쌀알만 한 이가 새로 나지 않는다고 하더라도 위안은 되었을지 모른다.

(2019. 12.)

늙은 호박

지난 시월에 산내 선생이 가을걷이한 늙은 호박 한 덩이를 주었다. 풍만한 것이 임부의 볼기 같다. 제 몸단장도 제대로 하지 못하고 사는 처지면서도 수확하기까지의 공을 알기에 황송하여 넙죽 받아왔다. 그러고는 부엌 한쪽에 모셔 두었다. 산달이 아직 남았으니 급할 것 없다는 심리도 작용을 한 듯하다. 당장 어찌해야 하는 다급한 일도 아니므로 지나칠 적마다 볼기를 쓸어주거나 두드려주는 것으로 인사치레를 했다.

얼마 가지 않아 호박의 단내를 맡고 날벌레들이 한둘 모여들기 시작할 즘이 되어서야 해산이 임박함을 깨달았다. 여문 호박을 손질해 본 사람은 안다. 단단한 껍질을 벗겨내는 일이 쉽지 않다는 것을. 그동안 더 이상 어쩌지 못하게 될 때까지 두고 보아온 까닭도 엄두가 나지 않아서였을 것이다.

넓게 편 자리에 정갈하게 닦은 호박을 놓고 요리조리 돌려본다. 만삭인 배를 끌어안고 해산을 기다리는 아낙 같다. 묵직하면서도 단단하게 입을 다물고 있는 양이 한편으로는 갑옷을 두른 무인 같기도 하다. 만만한 상대가 아니라 어디서부터 손을 대야 할지 궁리가 꽤 필요하다.

어르신들은 임부의 배 모양을 보고 아들인지 딸인지 점치기도 했다. 보통 배 모양이 둥글고 펑퍼짐하거나 윗배가 많이 부르면 아들, 볼록하거나 아랫배가 부르고 처져 있으면 딸이라는 식이다. 임부의 뒷모습을 보고 살이 찌는 등 태가 나면 아들, 별다른 태가 나지 않고 예쁘면 딸이라는 말도 했다.

오랜 경험으로 확률을 모은 결론이겠지만 임부의 배 모양만 가지고 성별을 점치는 것은 반타작에 그치기 일쑤다. 태아의 골격이나 크기와 임부의 건강상태 등 여러 변수가 작용하기 때문이다.

어쩌다 점친 대로 성별은 맞아떨어진다 해도 뜻밖의 결과가 더 많기에 출산의 순간이 기다려지는 것일지 모른다.

오래전에 둘째의 해산을 앞두고 있는 나의 모습을 보고 어른들은 '아들'이라고 점쳤다. 펑퍼짐한 배와 곱지 않은 뒤태를 하고 있다는 것과 막걸리가 유난히 당긴다는 식성을 보고 그리 믿었다. 이미 첫딸을 낳았으니 터를 잘 팔라는 축원의 뜻도 담겼던 것 같다. 어쨌든 아들을 낳은 것을 보면 '덕담점괘'는 그럴듯했다.

옛 어른들의 점괘를 눈앞에 있는 호박에 대입시켜 본다. 표피가 흠 없이 판판하면서도 골의 윤곽이 뚜렷하며 많으니 씨를 많이 품은 듯하고, 누른빛이 짙고 실팍하니 그 또한 올진 모습이다. 겉모습을 보고 전체를 가늠할 수는 없지만 속이 어떠할지 어느 정도는 짐작이 간다.

무딘 칼로는 영근 호박을 반으로 가르는 일조차 만만하지 않다. 이쪽저쪽을 찔러보며 기세를 잡아보지만 단시간에 결판이 나지 않을 것 같다. 안에 자식을 품은 순한 아낙의 엉덩이 같으면서도 저토록 단단한 방어막을 치고 있을 줄이야. 종족 번성이라는 일념이 자신의 몸을 옹성으로 변하게 한 것은 아닐까. 강한 모성으로 부른 배를 끌어안고 모진 세월을 견뎌온 것만 같아 공격을

25
무슨 일인가요?

멈추고 딴딴한 배를 쓰다듬어본다.

물릴 수 없는 판이라 흐트러진 전의를 가다듬고 단전에 모은 힘을 손끝으로 보낸다. 늙은 아낙은 끝내 반으로 너부러졌다. 부끄럼을 모르고 가랑이를 쩍 벌리고 누워 있는 늙은 산모는 붉은 속에서 키운 수많은 씨를 자랑스레 선보인다. 탯줄 사이로 처음 만나는 세상을 향해 씨들이 얼굴을 내민다. 세어도 세어도 끝이 없을 것 같은 씨들. 양수에 뒤덮여 미끌거리는 씨를 골라낸 다음 탯줄을 거두듯 맨살이 드러나는 데까지 힘줄을 긁어낸다. 산고를 이겨낸 산모의 맨살에서 비린내가 섞인 단내가 훅 풍긴다.

정작 나는 '알맹이' 같은 아이를 낳고 나서 자신이 '겉'에 불과한 것 같아 한동안 우울했었다. 몸과 마음에서 이전에 경험해 보지 못한 변화가 밀려왔다. 식구의 수가 더 늘어난 외형적인 변화뿐만 아니라 알 듯 말 듯한 심리적인 변화까지 겹쳐 감당하기 힘들었다. '이제 나는 빈껍질이구나.'라는 박탈감에 시달렸던 것이다. 하지만 막 순산을 한 호박의 맨살을 대하니 황홀경에 빠져든다. 오래전의 일이라 잊고 지내던 산후 우울 증세가 이제야 사라지는 듯 새삼스럽다. 두툼한 모체가 더없이 소중하게 다가온다.

모체는 두루 아우르는 존재다. 씨를 실하게 하는 과정에서 자신도 더불어 숙성되어 간다. 물론 경우에 따라 산후에 우울했던 예전의 나처럼 씨들을 품고 키워 세상 밖으로 내보내면서 자신을 무가치하다고 여기기도 한다. 하지만 씨를 키우는 과정에서 자신도 더욱 단련이 되어 한층 강해진다. 다가오는 칼 앞에서도 호락호락 몸을 내놓지 않는 패기가 그렇지 않은가.

육질이 단단한 호박 하나를 손질하고 나자 출산의 고통을 다시 겪은 듯하다. 적잖은 시간을 매달려 용을 쓰고 났더니 진이 다 빠진다. 그래도 두둑한 속살을 보자 곰질대는 갓난아기를 보는 것 같아 산통을 금세 잊고 만다.

호박은 자라 익어갈수록 색깔도 진해지고 골이 더 많이 생긴다. 겉면에 줄이 몇 개나 생길지는 끝까지 두고 보아야 알게 된다. 품종에 따라 다르고 가루받이를 하는 과정에 따라서도 다르며 덩굴에 얼마나 매달려 있었는지에 따라서도 다르다.

사람도 그와 다르지 않다. 나의 경우만 해도 하루하루 날이 갈수록 세상을 바라보는 눈이 달라짐을 느낀다. 아직 끝이 아니므로 앞으로 얼마만큼 더 변하게 될지 모른다. 그러다 보면 어느 순간에 어떠한 형태로든 모양이 잡혀가지 않을까.

크기만 중요한 것이 아니었다. 겉모습은 작은 것 같아도 안에 많은 것이 들어 있을 수 있다. 옹골진 '늙은 아낙'을 골라 내 품에 안겨준 산내 선생의 혜안에 다시 한 번 감탄하는 중이다.

(2016. 6.)

벽화

내 거처는 낮은 산을 낀 지지대에 자리하고 있어서 큰길 쪽으로 높은 벽이 장막처럼 펼쳐져 있다. 그 벽을 타고 담쟁이가 작년에 이어 올해도 그림을 그리고 있다. 가녀린 손끝을 뻗어 아무데나 손이 닿는 곳마다 흔적을 남긴다. 코흘리개의 낙서 같지만 마디를 늘이고 있는 품이 퍽 진지하다. 해를 더할수록 그림 솜씨가 늘고 있기 때문이다.

지근에 있는 아파트 담에도 수년 동안 그려 놓은 그림이 있다.

자연이 그려 놓은 이 그림은 계절마다 느낌을 달리한다. 봄에는 방향을 찾는 여린 손길이 안쓰러워 보이기도 하지만 여름이 되면 무성해진 손으로 길 가는 이들에게 부채질을 해 준다. 가을이면 단풍으로 주변까지 곱게 물들인다. 잎이 진 겨울에는 탄탄하게 드러난 줄기가 희망을 준다.

벽 가득히 그려 놓은 그림은 오래 지나도 쉽게 잊히지 않는다. 몇 해 전에 딸아이를 따라 갔던 학교 곳곳에서 만난 그림은 몇 안 되는 명화였다. 녹색 물감이 번지듯 벽으로 점점 퍼져 나가는 중이었다. 사방에 걸려 있는 그림은 지나온 시간이 집약되어 있는 듯했다. 웅장하거나 아담한 건물에 색을 덧칠하는 손길이 닿자 각각이 개성을 풍기며 다가왔다. 든든하고 여유 있는 고참을 보는 것 같아 믿음직스러웠다.

이처럼 담쟁이는 어디에 뿌리를 두었는지에 따라 모양새와 인상이 다르다. 문복산 자락의 만물정 돌담에 그려진 무늬는 순박한 시골 처자 같고, 범서읍내 아파트 옆 높은 담에 그려진 무늬는 새침한 도시 깍쟁이 같다. 주변과의 조화를 생각하지 않는다면 나타날 수 없는 변화이지 않은가. 자신만 두드러지기보다 조화미까지 염두에 두고 그리는 저 화가의 솜씨는 그래서 명화가 되는가

보다.

　미국 동부의 명문 사립대학들의 교사校舍가 담쟁이로 뒤덮인 것은 유명하다. 오랜 역사를 가진 명문 사학들의 상징일 정도다. 그래서인지 담쟁이가 그림을 그리는 솜씨만 봐도 건물의 역사가 보인다. 잎이 무성해질수록 역사도 깊어지는 것 같아 그 앞에 서면 감탄사가 나오고 고개가 숙여진다.

　담쟁이 그림을 누가 먼저 시작했는지는 모르지만 그의 심미안에 탄복을 하지 않을 수 없다. 범상한 외관일지라도 녹색의 그림이 곁들여지면 고풍스러움과 내력이 깊어 보이는 이미지를 줄 수도 있다. 그뿐만 아니라 뜨거운 여름날 복사열을 줄여주는 벽화계의 녹색 대표선수가 없다면 숨통이 막히지 않겠는가. 벽에 그리는 그림 하나로 여러 효과를 누리는 셈이다.

　보통 '벽'이라고 하면 극복하기 어려운 곤경이나 장애, 한계 따위를 이른다. 그래서 벽은 넘기 어려운 대상으로 여긴다. 그러나 담쟁이는 오히려 벽을 무대로 자신의 삶을 펼친다. 온갖 벽, 바위, 나무는 담쟁이의 화폭이 된다. 이념과 경계를 넘어 어디든 가리지 않고 함께 손을 잡고 뻗어 나간다.

　만약 담쟁이가 바닥을 기고 있다면 존재감이 있었을까. 남들이 오르지 못하겠다며 힘들다고 포기할 때 묵묵히 오르고 나아간 결과 벽을 채우게 된 것이다. 자신도 어떠한 그림을 그려야겠다는 밑그림은 없었을 것이나 오르다 보니 한 폭의 그림이 완성되었을 것이다.

기어오르는 그만의 특성을 가졌으니 가능하다고 할지도 모른다. 하지만 무엇이든 처음부터 '그러한' 것은 드물다. 담쟁이도 나름의 삶의 방식을 깨우쳐 나가는 과정에서 덩굴손이 발달하지 않았을까 싶다. 여린 몸으로 어딘가에 기대어 살려면 오르지 않으면 안 되었을 것이고, 또 오르다 보니 꽉 붙들지 않으면 살아남기 어렵다는 것을 체득했을 것이다. 그렇게 해서 좀 더 잘 붙잡고 오를 수 있도록 끈적이는 수액을 바른 덩굴손으로 진화하지 않았을까.

덩굴손을 떼어내 보려고 시도해 보았다면 그들의 생존이 얼마나 절절했는지 알게 된다. 벽이나 바위의 일부가 떨어져 나올 만큼 움켜잡고 있다. 생의 어느 부분에서 그만큼 최선을 다했던 적이 있었던가 하고 나의 삶을 돌아보게 된다. '이것이 아니면 안 된다.'는 통절한 심정으로 끝까지 붙들고 살아보거나 하고 주저앉았는지 모르겠다.

인생을 말할 때 흔히 마라톤에 비유한다. 삶이라는 것이 당장에 승부가 나지 않는다는 것임을 뜻한다. 그럼에도 요즘 젊은이들은 힘들게 취업을 하고 나서도 1년 정도 견디다 그만두는 경우가 많다고 한다. 저마다의 속사정은 있겠지만 무슨 일이든 처음 얼마간은 적응이 쉽지 않아 힘들게 마련이다. 계속 가야 할지 말아야 할지 끊임없이 고민을 하며 갈등을 겪게 된다. 하지만 물 좋고 경치 좋은 곳은 흔치 않다.

한 우물을 파라는 말이 이즈음처럼 깊이 다가온 적이 없다. 한 가지 일에 십여 년의 경력이 쌓이면서 자기의 분야에 조금은 문리가 트이는 경험을 하고 있기 때문이다. 담쟁이의 시작이 처음은 서툴지라도 해를 거듭할수록 벽과 조화를 이루고 종래에는 사람들의 시선을 모으게 되는 이치와 무엇이 다르랴. 자신의 그림으로 자신과 주변을 돋보이게 하면 그것이 최고의 그림이 될 것이다.

새 아파트의 담에는 이제 걸음마를 시작한 아이의 그림 같은 담쟁이가 오르고 있다. 어느 것은 무엇을 그렸는지 모르겠고 어떤 것은 서서히 그림다워지고 있다. 아이가 자라면서 몰라보게 변해가듯이 해가 지날수록 벽화도 한층 새롭고 풍성해질 것이다. 그때가 되어 크나큰 명화 한 점이 걸리면 사계절 내내 감상하는 호사를 누릴 수 있을 것 같다.

(2016. 6.)

유통기한

언제부터인가 아이들이 집에 다니러 올 때면 깐깐한 검열관이 된다. 머무는 동안 필요로 하는 것들을 건네주면 유통기한부터 먼저 확인하려 든다. 대개는 냉장고에 보관 중이던 것들과 화장품과 세제류 등이다. 건네준 사람이 민망할 정도로 면전에서 꼼꼼히 살핀다. 손님처럼 이따금 와서는 주인 살림을 매의 눈초리로 살펴보는 것이다. 그러고는 여지없이 유통기한이 지났느니, 버리지 않고 왜 두고 있느냐는 등 간섭을 한다.

검열관이 잠시 느슨해져서 '통과'시켜 주기를 기다리다 슬며시 선수를 친다.

"괜찮아, 안 죽어."

핑계 같지만 나는 편히 앉아 밥을 먹어본 지가 오래되었다. 살림을 도통 어떻게 사는지 남들의 눈엔 나보다 한심한 사람이 없을 정도다. 내 한 입만 건사하는 일도 크나큰 숙제 같다. 그러니 가끔 오는 아이들이 생각하기에도 집에 온전한 것이 과연 있기나 한 건지 따져보게 되었을지 모른다.

한 사람의 살이에서 소용되는 것들이 얼마나 되겠는가. 먹는 것도 차츰 간소해져서 자식들이 머물 때 구비했던 양념류들은 손길이 닿지 않은 상태로 냉장고에 자리만 차지하고 있다. 기초화장품은 그나마 아침저녁으로 바르니 줄어들지만 색조 화장품과 그 밖에 소소한 것들은 구입 일자나 내 손에 들어오게 된 사연조차 가마득할 지경인 채 경대를 차지하고 있다. 세제류도 혼자 쓰는 양이 많지 않으니 바닥이 보일 때까지 쓰는 데 시간이 오래 걸린다.

나의 어설픈 선수에 오히려 딸은 신경의 끈을 조이며 아예 진열장 깊숙한 곳까지 들쑤셔댄다. 연말이면 들어오는 생필품 선물세트며, 간혹 선물로 받은 것들이 놓아두었던 그대로 드러나는 순간이다. 몇 년이 지났느니, 골동품이 되었다느니 하면서 끌어낸 것들을 폐기하라는 처분을 내린다. 내가 보기에는 사용하는 데에 전혀 문제가 될 것 없는 유통기한이 자식들 눈에는 '불량제품'으로 가름하는 기준이 되는 모양이다. 하자가 없어 보이는 '남'의 물건들을 '버릴 것'으로 간단하게 분류해 놓는다.

조용하던 집 안에 난데없이 불량 판정을 받은 제품들로 벌집을 쑤신 듯하다. 나는 갑작스레 가택수색을 당하는 억울한 사람처럼 유통기한은 '상품이 시중에 유통될 수 있는 한정된 시기'를 뜻하는 것일 뿐이라며 사전적 의미를 들이민다. 판매자의 기준에서 기한을 정해 놓았을 뿐이지 우리가 실제로 사용할 수 있는 유효기간은 그것보다 훨씬 길다고 항변한다. 아이들은 그렇다고 해도 엄마의 사용기한은 기한을 넘겼어도 너무 넘겼다는 것이다.

음식은 어느 시기가 지나면 상해서 먹을 수 없게 되니 어쩔 수 없지만 쉽게 상하지 않는 것은 기한이 되었다고 해서 손도 대지 않은 것을 버리고 새로 사는 것이 쉽지 않다. 내가 화장품의 유통기한을 무시하고 바닥이 보일 때까지 쓰기를 고집하는 데에는 화학물질이 첨가되어 있기 때문에 가능하다는 불편한 진실이 숨겨져 있다. 어쨌거나 무감각한 나의 유효기간에 쐐기를 박는 일이 그예 벌어지고 말았다.

방학을 맞아 잠깐 내려와 며칠을 머물던 아들이 어느 날 거뭇한 수염을 정돈해야겠다며 쉐이빙 폼을 찾았다. 평소 나에게 소용되는 물건이 아니어서 어디에 있는지 없는지조차 모르겠다고 했다. 아들이 욕실 선반에서 하나를 찾아내더니 꼼꼼히 살피며 "있긴 한데 너무 오래되었다."라고 하였다. 나는 다른 일에 몰두해 있으면서 건성으로 말해 버렸다. "그냥 써라." 고개를 갸웃거리던 아들도 외출을 앞두고 있어서 별수 없이 면도를 하고 나왔다. 턱을 빼들고 나오면서 하는 말이 "얼굴과 목에 난리 났다."라는 것이었다.

설마 하는 마음과 미안한 마음이 들어 하던 일을 멈추고 다가가 '사고 현장'을 올려다보았다. 면도날이 지나간 턱과 목 주변이 봉숭아물을 들인 것처럼 온통 벌겋다. 내 무심함이 빚은 비상 상황 앞에서 나는 할 말을 잃었다. 얼룩덜룩한 모습으로 나가게 할 수가 없어 시원한 팩을 하나 붙여주겠노라고 호의를 보였다. 그러나 냉장고에 보관 중이던 팩의 사용기한 또한 지나 있는 것을 보고 나는 망설이지 않을 수 없었다.

'쉐이빙폼 사건'이 정해진 기한을 무시했던 나에게 조금의 경각심을 주기는 했다. 하지만 '믿고 쓰는' 유통기한조차도 믿고 쓸 수 있기나 한 것인지 사실 모르겠다. 인체에 무해하다, 어린이에게도 안전하니 안심하고 써도 된다고 선전했던 가습기 살균제를 믿고 썼던 사람들의 피해가 심각한 형국이다. 연일 거론되고 있는 이야기를 듣노라면 믿을 수 없는 것들로 넘치는 작금의 세태를 어떻게 받아들여야 할지 혼란스럽기만 하다.

굳건한 믿음을 바탕으로 안심을 해도 지나치게 했던 것이 그들의 과오였다. 이상 증상이 나타나도 의심을 하지 않고 호전되기를 바라는 마음에 더욱 빈도를 늘린 결과 불행을 맞았다. 그들은 참담한 심정이 되어 이제 무엇인들 믿을 수 있을까. 다양한 변수가 존재하는 세상에서 점점 믿을 구석이 적어지는 것 같아 돌다리도 두드려 보아야 할 지경이다. 그런데도 최소한의 것조차 무신경했던 나의 안일함에 스스로도 말문이 막힌다.

집 안 곳곳에서 유통기한이 지나가는 것들이 쌓이고 있는 줄도 모르고 나는 어느 순간 '시간의 극빈자'가 되어 쳇바퀴 속에 앉아 돌고 있었다. 쓰고 있는 샴푸의 유통기한이 지났다는 사실보다 현재를 살아내는 일이 나에게는 더 중요한 일이 되어 버렸다.

이렇듯 삶의 내용을 몇 가지로 단순화시켜 반복하는 내 방식을 자식들이 보다 못해 특별 조치를 내리게 된 것이 아닐까 싶다.
 지난번에 왔던 딸은 집에 변변한 물건이 없음을 깨달았는지 나의 만류에도 불구하고 화장품 일체를 새로 안겨주고 가면서 나에게 거듭 당부를 했다.
 "다른 건 다 버리고 꼭 이거 써."
 딸이 다녀간 지 어느새 한 달이 되어간다. 그렇지만 화장품 상자는 놓고 간 자리에 그대로 있다. 몸치레를 할 시간도 부족하지만 쓰던 것을 다 쓴 후에 새것을 쓰겠다는 생각에서다. 아직도 내가 정신을 못 차린 듯하다. 이러다 검열관이 불시에 들이닥치기라도 하는 날에는 내 궁리와 달리 나마저도 '불량제품'으로 분류될지 모르겠다.

(2016. 7.)

역행逆行

일간지 하나만 들어올 뿐인데 신문들이 무더기로 쌓였다. 한철 내내 이 일 저 일로 뭐 마려운 개처럼 돌아댔더니 반갑지 않게 쌓인 것이 많다. 밀린 일들 앞에서 마음만 분주한 채 일주일의 휴가가 끝나간다. 벼락치기는 준비성이 없는 듯해도 사람들의 기저에 깔린 심리인지도 모른다. 더는 몰릴 데가 없는 지점에서 고도의 집중력이 발휘되고 효율도 오르는 것 같으니 말이다. 남들보다 일을 재게 못해서 미리미리 해놓는 편인데, 신문을 볼 짬

없이 쌓이고 말았다.

휴가의 마지막 날 아침부터 역순으로 신문을 훑기 시작했다. 다물다물 쌓아둔 땔감이 겨우내 줄어들듯 신문의 높이가 조금씩 줄어들면서 순행에서는 맛보지 못했던 역순에 묘한 원리가 있다는 것을 알게 되었다. 결과나 결론을 이미 알고서 그것에 다다르기까지 어떤 과정을 거쳐 왔는가를 되짚는 행위를 통해 여러 의미를 발견하였다. 불이 켜지듯 가슴이 훤해진다.

어떤 사건이나 원인이 어느 방향으로 나아가는지를 우리는 짐작하기 어려울 때도 있다. 그런데 되짚어 거슬러 보니 결과나 결론이 발단에서 엉뚱한 곳으로 흘러가는 경우는 드물다는 사실이 새롭게 다가온다. 일례로 어린아이의 죽음에 얽힌 사건만 해도 그렇다. 아이에게 가혹한 행위를 한 계모와 친부는 줄곧 진실을 외면한다. 하지만 빌미가 있는 일은 거짓이 난무해도 이치에 닿는 절차를 밟다 보면 결국은 어느 정도 예측이 가능한 쪽으로 전말이 밝혀지게 된다. 아니 땐 굴뚝에 연기가 나지 않는다는 의미와 맥을 같이 하는 셈이다.

궁여지책으로 시도한 '거꾸로 세상 읽기'에서 뜻하지 않게 보물을 발견한 기분이다. 그러면서 자연스럽게 한 방법이 떠오른다.

어느 지인은 책을 읽을 때 맨 끝을 먼저 보고 나서 다시 처음으로 돌아와 읽어나가는 버릇이 있다. 그중 추리소설의 경우에는 결론을 미리 알게 되면 조마조마한 마음을 내려놓고 이야기의 진행에 더욱 집중할 수 있어서 좋다고 한다. 드라마나 영화를 볼 때도 마지막을 먼저 본 후에 처음부터 다시 보기를 즐겨한다.

'다시 보기'는 김이 빠진 탄산음료의 맛과 같아서 나는 싫어한다. 그렇기에 그의 방식이 무료해 보이고 유별난 취미 같아 보였는데 신문을 되짚어보면서 공감되는 점이 생긴 것이다. 이 방식도 나름의 효과가 있다는 것을 인정하지 않을 수 없게 되었다. 의외의 상황에서 색다른 길을 발견하는 묘미는 탄산음료의 톡 쏘는 첫맛과 같다.

쌓인 신문이 줄어들수록 지난 일은 희미해져 있고 당시에는 대문짝만 하게 새겨졌던 '큰일'도 별일이 아니었다고 느껴진다. 그때는 특종이거나 빅 뉴스였지만 시간이 지나고 나자 다른 뉴스에 묻혀 이미 잊힌 일이 되어 있다. 개인이나 국가의 지난 일들은 역사가 되어 다른 저장소로 넘어가고 그 위로 새로운 소식들이 지층처럼 쌓인다.

지나고 보니 시간이 약이라는 말이 진리로 다가온다. 나에게 감당하기 벅찬 일이 닥칠 때마다 그 순간에는 세상에서 가장 큰일처럼 생각되었다. 하지만 시간이 지나면서 솟아날 구멍도 찾게 되고, 남들에게는 이미 관심 밖의 일이 되었다는 것을 깨달으며 이성을 갖게 되기도 했다. 내가 세상의 중심이 아니라 부분 중 하나라는 사실을 받아들일 즈음이 되니 상처도 아물고 새살이 돋아 더욱 단단하게 변모하는 경험도 하게 되었다.

켜켜이 쌓인 시루떡 같은 신문 하나를 새로 펼친다. 매일 접할 때보다 몰아서 들춰내는 것이 강한 자극을 주는 면도 있다. 잠잠하던 세상의 '문제'가 일시에 활자가 되어 살아나는 듯하다. 하루도 문제가 없었던 날이 없고 종류 또한 다양하다. 그렇다 보니 세상이 온통 사건으로 점철된 문제투성이로 보인다. 소소한 개인의 문제부터 나라의 큼직한 사태까지 해결해야 할 것들로 넘친다. 하지만 대개 문제가 되는 일은 긍정적인 측면보다 부정적인 경향이 강하다. 게다가 문제는 곧 '해결'을 전제로 하는 특성을 가지므로 풀어나가는 과정이 또 다른 문제가 되기도 한다.

가만히 들여다보니 한 가지가 더 눈에 잡힌다. 세상은 전체가 '내 눈 속의 들보는 보지 못하고 남의 눈의 티'만 나무라는 모양새다. 사드(미국 미사일 요격 체계, 고고도미사일방어체계) 문제를 놓고 여당과 야당은 변함없이 서로 '네 탓'을 하며 삿대질을 그칠 줄 모른다. 각종 관문을 통과할 때나 위기상황에서 특히 문제해결력을 요구하는 사회인데, 유독 정치권에만 비껴가는 것 같아 그들의 능력의 끝을 모르겠다.

벅찰 정도로 쏟아지는 현안을 눈앞에 두고 핏대를 세워 남을 비판하는 일에만 한눈을 팔고 있다. 자신의 방법이 옳으며 난제를 풀 적임자는 바로 자신이라며 큰 목소리와 힘이 곧 열쇠라도 되는 듯이 고개를 꼿꼿하게 세우고 있다. 변화가 요구되는 사회에서 여전히 세상물정을 모르는 듯 살고 있는 일부 나리들의 부끄러운 민낯이 읽힌다. 진정한 영웅은 힘보다도 지혜를 앞세운 자일 것이니 오디세우스가 어지러운 이 땅에도 강림하기를 간절히 바라는 마음이 되고 만다.

순행만이 답은 아니라는 것을 역행에서 깨우친다. 때로는 거꾸로 되짚어가면서 오히려 전체를 조망하는 눈이 생기기도 하기 때문이다. 이것은 개인의 일 뿐만이 아니라 전체를 위한 일에도 사람이 관여하는 일에는 융통성을 발휘해 봄직하다는 단서를 주기도 한다. 앞만 보고 달리던 평소와 달리 어려운 시기일수록 둘러 가는 것도 나쁘지 않다는 분별이 생길지 모른다.　(2016. 8.)

충주 작은아버지 2

여러 일로 남보다 몇 곱절 바쁘게 산 사람에 대한 보상처럼 이번 한가위는 단출하게 보낼 것 같다. 아들은 귀성열차표를 얻지 못해 고민하고, 딸은 근무 일정 때문에 어쩌지 못하는 상황이다. 보름 전에 오누이가 함께 다녀갔으니 괜히 먼 길에 마음 쓸 것 없다고 했다. 명절에 집에 오지 못하는 아이들에게 위로랍시고 한 말인데 내 속을 너무 내비친 것 아닌지 모르겠다.

일주일 동안 특별한 휴가를 얻은 듯하다. 훗훗한 마음에 출간

소식도 전할 겸 사촌 동생에게 안부를 전했다. 안부 말미에 작은엄마와 작은아버지의 근황을 묻자 연로하신 분들이라 건강이 썩 좋은 편이 아니라고 하였다. 나는 망설임 없이 추석 당일에 부산을 다녀오기로 정해 버렸다.

열흘 묵던 나그네 하루 가기 바쁘다 했던가. 강산이 몇 번 바뀌며 쇠털처럼 많은 날이 지나도록 실천하지 못하던 걸음이다. 나이를 의식할 겨를 없이 살았지만 나도 어느새 백의 반을 돌고 있는 중이다. 그러니 두 분의 연세를 어림잡아도 계산이 나오므로 조급한 마음이 들었던 것이다.

마음을 그리 정하자 어릴 때 소풍날을 기다리는 듯이 하루하루 날을 꼽으며 뒤설랬다. 충주에서 잠시 함께 지냈던 사촌들도 고등학교 다닐 때 헤어진 이후로 처음 만나게 된다. 일찌감치 두 분께 드릴 선물을 마련해 두고, 떡도 한 되 맞춰놓고는 어서 한가위가 되기를 기다렸다. 명절이 되면 남들은 당연하게 맞는 일들일 텐데 나는 나만이 치르는 의식인 양 가슴이 부풀었다.

초행길을 혼자 나서야 하는 초조함도 없진 않았지만 그보다 마음이 달아서 잠도 달아났다. 한가윗날 이른 아침에 준비를 마치고 부산으로 가는 고속도로를 달렸다. 어느 정도 혼잡할 것이라 생각했지만 예상보다 일찍 도착했다. '충주 작은아버지'는 한 시간이면 닿을 거리에 살아계셨는데, 그동안 이 거리가 지구 반대편의 중남미만큼 멀었던 것일까. 여기까지 오는 데 멀게만 느꼈던 나 자신이 무색했다.

동부산대학교 근처에 다다라 전화를 하자 사촌오빠가 마중을 나왔다. 뒤로 작은엄마가 희색만면한 채 다가오고 있었다. 그러나 작은엄마는 내 기억 속의 모습과 큰 차이가 나서 몰라볼 정도였다. 마치 오랜 시간 속에서 풍화되어 선명한 형체를 알아보기 힘들게 되어 버린 석조물을 보는 것 같았다. 걸음도 부자연스러울 뿐 아니라 고왔던 예전 얼굴을 찾을 수 없었다.

맞잡은 손을 풀지 않고 집 안으로 들어서자 또 다른 놀라운 광경이 기다리고 있었다. 백발은 물론 호선弧線*처럼 굽은 등을 간신히 지탱하며 침대에 위태롭게 걸터앉아 있는 '노인'이 눈에 들어왔다. 푹 꺼진 입매와 가슴께까지 허리춤을 올린 모습도 낯설었다. 적지 않은 충격 속에서도 그분이 '충주 작은아버지'임을 알았다. 들어서는 나를 바라보기 위해 고개를 힘겹게 든 모습에서 얼핏 옛 모습이 비쳤기 때문이다.

---

* 호선弧線 : 활등 모양으로 굽은 선.

가까이 다가가 발치에 무릎을 꿇고 앉아 쇠스랑 같은 손을 잡자 회한이 밀려왔다. 오래전에 돌아가신 아버지가 살아계신 것 같기도 하고, 세월 앞에 장사가 없다는 말이 무상하여 제대로 바라볼 수 없었다. 내가 아이들을 데리고 앞뒤 돌아볼 사이 없이 달리는 동안 작은아버지는 작은아버지대로 세월을 건너고 있었던 것이다. 기억하고 있는 옛 모습을 기대한 것은 내 바람일지 모른다. 다른 사람의 눈에는 지금 나의 모습 또한 흐르는 시간 속에 변화를 거듭했으니 놀라울 수밖에 없지 않겠는가.

"생전 눈물이라는 걸 모르는 양반이, 너를 보니 좋으신갑다. 눈물을 다 흘리고."

작은엄마가 작은아버지께 손수건을 건네며 말씀하셨다. 나는 잡은 손에 힘을 주며 "진작 찾아뵙지 못해 죄송합니다."라는 말을 드리면서 가슴이 그만 뜨거워졌다. 작은아버지는 "와 줘서 고맙다, 고맙다…."라며 뱃속으로부터 끌어올린 듯한 혼잣말을 되뇌었다. 나와 작은아버지는 다른 말은 다 잊은 듯이 한참을 같은 말만 재생하고 있었다.

"이거 명숙이가 해 온 기정떡인데, 좀 잡숴 봐요."

청력에 문제가 있는 작은아버지를 향해 작은엄마가 목소리를 높이며 떡을 잘라 드리자 작은아버지는 치아가 없는 잇몸으로 우물우물 여러 조각을 드셨다. 첫 대면의 충격은 좀 가라앉았지만 나는 여전히 안타까워서 작은아버지 가까이에 앉아 바라보다가 생각난 듯이 준비해 온 선물을 꺼냈다.

들떠서 준비했던 선물이 이 자리에 와 보니 얼마나 부질없는 물건인지 알게 되었다. 예전의 멋쟁이 작은아버지를 떠올리며 딴에는 고심하면서 고른 헌팅캡이 나의 얕은 생각의 깊이를 드러내듯이 이리 방정맞게 보일 수 없다. 기왕 준비해 온 것이어서 나는 작은아버지의 흰머리에 중후한 색감을 지닌 헌팅캡을 씌워 드렸다.

"멋지네! 한 인물 나네요."

작은엄마가 나서서 나의 무안을 덜어주었다. 모자를 쓴 채로 떡을 드시던 작은아버지가 두어 번 강조를 하였다. "도리우찌보우…, 옛날에 일본 형사 놈들이… 이 도리우찌보우를 쓰고 다녀서… 난 이 모자를 아주 싫어했어…." 말씀은 그렇게 하시면서도 얼굴엔 소년 같은 미소가 번졌다.

"근데 얘, 어떻게 떡을 해올 생각을 다했니 그래?"

작은엄마는 작은아버지와 나에게 번갈아 떡을 권하면서 재차 물었다. 예전에 어머니는 추석이 다가오면 기정떡을 쪄내느라 분주했다. 아랫목에서 숭굴숭굴 발효시킨 반죽을 가마솥에 베보자기를 깔고 부으면, 나는 맨드라미 잎과 꽃을 잘게 잘라 그 위에 뿌렸다. 새큼달큼하면서도 부드럽고 색이 고운 기정떡은 나에게 추석과 어머니와 동의어로 존재한다. 추석을 떠올리자 아마도 내 안에 묻어둔 어머니와 기정떡이 함께 연상되었던 것이리라.

요즘은 떡집에 주문만 하면 볼 수 있는 떡인데도 작은엄마는 며느리에게 더 내오라고 일렀다. 안동 김씨 집안의 며느리가 된 지 삼십 년이 가까운 사촌 올케언니를 나는 이날 처음 보았다. 올케언니는 사촌 시누이의 갑작스러운 출현으로 약속된 친정아버지 성묘도 가지 못한 채 뜻하지 않게 고달픈 하루를 보냈다. 명절 아침 댓바람에 들이닥친 손님 같지 않은 손님 때문에 작은엄마의 주문이 갑자기 많아졌기 때문이다. 맏며느리답게 당찬 올케언니는 짧은 시간에 상다리가 휘어지게 차려 내왔다.

간간한 나물과 전을 맛보며 시댁에서 차례를 지낸 후 친정으로 올 사촌 여동생들을 기다렸다. 오후가 되자 성가成家한 여동생들이 하나둘 모여들었다. 오 남매 중에 막내만 통영에서 오지 못하고 다 모이자 집 안이 그득하다. 모두 선량한 짝을 만나 자신을 꼭 닮은 아이들을 거느린 모습을 보니 세월이 느껴졌다. 그러나 이야기를 나누는 중에 예전 충주의 목벌리로 돌아간 것은 아닐까 하는 생각이 들 정도로 각각 변함없는 면모를 간직하고 있어서 마음이 놓였다. 종일 같은 공간에서 함께 누렸던 과거를 여행하며 시간을 보냈지만 헤어질 땐 아쉬움이 앞선다. 작별인사를 나누며 안아드린 작은아버지를 살아생전에 또다시 뵐 수 있을지 모르겠다. 전동 스쿠터에 의존해야만 외출을 할 수 있는 여든다섯의 작은아버지가 다음해 봄에도 그 다음해에도 헌팅캡을 자주 쓰실 일이 있었으면 좋겠다.

"내가 칠십이 넘어 이제 철이 드는 것 같다. 철들자 망령 난다는 말이 딱 맞는 것 같네."

무슨 말씀 끝에 작은엄마가 하신 말씀이다. 이 말이 분별없는 내 가슴에 화인처럼 박혀서 뒤가 자꾸 돌아다 보이는 날이다.

(2016. 10.)

심중 셈법

오래전부터 소망하던 딸과의 여행을 꿈결처럼 가게 되었다. 비록 나의 근원을 찾기 위한 고향으로의 여행은 아니지만 함께하게 될 닷새를 어떻게 보낼까 하고 여러 궁리를 했다. 모든 일정 관리를 딸에게 일임하기로 하였다. 과년한 딸과 친구처럼 오붓한 여행을 꿈꾼 것은 내 쪽이었지만 딸도 나 못지않게 엄마와의 여행을 채근해오던 참이어서 지휘봉을 쥐여 주었다.

추수철에 메뚜기 뛰듯이 살아오다가 막상 간 큰 여행 계획을 세워놓고 나자 머릿속이 텅 비는 느낌이다. 무엇이든 처음에 걸음 떼기가 어렵다고 하지만 부쩍 잦아진 이명과 함께 이런저런 염려들이 나를 더욱 어지럽게 만든다.

흐르는 시간은 어느 결에 여행 첫날을 코앞에 데려다 놓았다. 새벽 기차를 타고 인천공항에 닿아 환전소 앞에서 딸을 만나니 비로소 여행이 실감난다. 딸은 옆 동네로 나들이 가는 것처럼 가벼워 보였다. 하지만 나는 여행으로 인한 공백을 메우기 위해 일을 무리한데다가 새벽 추위에 언 몸과 비행기 공포증까지 더해 심신이 무겁기만 했다.

그렁저렁 기내에서 영화 한 편을 보는 사이 타이베이 공항에 닿았다. 타국에서 전화기를 사용하는 문제와 숙소로 향하는 교통편 등을 능숙하게 처리하는 딸애를 따라다니면서 어느새 한물간 엄마가 되어 있는 나를 발견했다. 세월과 함께 이해의 깊이는 조금 생겼을지 몰라도 둔해진 육신과 더불어 새로운 환경에 적응하는 순발력이 현저히 떨어져 있음을 깨달았다. 몸에 배인 듯 행동하는 딸애를 부러운 눈으로 바라보다 순간 내 자신이 옆에 부려놓은 짐짝 같은 착각이 들기도 했다.

타이완을 대표하는 음식이라는 훠궈로 만찬을 즐긴 뒤 우리는 손을 잡고 이질적이면서도 정겨운 시먼의 골목을 거닐었다. 시간은 꽤 지나 있었다. 한국의 첫새벽부터 대만의 깊은 밤까지 직립을 이루었던 두 다리는 포식자를 위협하는 복어의 배처럼 한껏 부풀었다. 시장기를 면하자 다리는 천근만근이었다.

불야성을 이룬 상가 앞을 지날 때 마침 밖에 나와 더위를 식히고 있던 마사지 종사자들의 "발마사지 해요."라는 어설픈 우리말에 발길을 멈췄다. 그러잖아도 딸애는 진즉 발마사지를 여행 일정에 넣어놓았던 모양인데, 이곳에서 기회가 온 것이다.

나란히 있는 두 곳은 분위기가 달랐다. 한 곳은 국제표준다운 깔끔한 외관에다 출입문이 닫혀져 있어 정돈된 느낌을 주었다. 다른 한 곳은 대만의 문화가 느껴지는 곳으로 드나드는 문을 활짝 열어놓아 한창 일하는 안이 훤히 들여다보였다. 현지 화폐로 2인에 1,700달러(한화로 6만 원 정도)다. 가격은 같았지만 좀 더 적극적으로 응대를 하는 현지풍의 업소로 들어갔다.

우리를 이끌었던 중년의 여인이 잠방이 비슷한 하의를 두 벌 가지고 와서 건네주며 갈아입기를 권했다. 옆 사람들처럼 따뜻한 물에 발을 담그고서 푹신한 의자에 기대자 노곤해졌다. 잠시 발의 긴장을 풀고 난 뒤 어깨를 풀어주는 손놀림이 시작되었다. 전문가의 손은 뭉친 근육을 잘 가려내어 자극을 했는데 신음이 나올 만큼 아팠지만 그 순간이 지나고 나면 시원해졌다. 점점 나는 마사지의 효과에 빠져들었다.

"시원하다."라는 감탄을 자아내다 보니 어느새 두 다리는 남정네의 커다란 손에 맡겨져 있었다. 사상의학에서 말하는 태음인 체질로 구분되는 나는 골격이 대체로 굵다. 갈바람에 잘 영근 김장무 같은 장딴지를 덩치 큰 사내가 어루만지고 있었다. 처음에는 낯선 체험에 쭈뼛거렸으나 오일이나 크림을 바른 손에 의해 다리가 호강을 하자 기분이 좋아져서는 왼쪽에 있는 딸 쪽으로 고개를 돌렸다.

딸은 발을 여인에게 맡긴 채 살포시 잠들어 있었다. 업소 앞에서 우리를 이곳으로 이끈 여인이 딸에게 마사지를 해주고 있었는데, 잠든 딸애 대신 나에게 말을 걸어왔다. "엄마?" 하며 내가 딸애의 엄마인지를 물었다. 고개를 끄덕이자 "이뽀! 동안!"이라며 일을 하는 중에도 엄지를 세워 보이며 친근하게 굴었다.

이어 손가락을 다섯 개, 한 개를 꼽아 보이며 자신의 나이를 밝혀서 그녀가 나와 동갑이라는 사실을 알았다. 남의 땅 섬나라에 와서 동갑의 여인과 잠시 말을 섞는 인연을 맺다니, 반색을 하며

"동갑!"이라고 하자 그녀는 "동갑!"을 몇 번 따라 했다. 나이가 같다는 데에서 오는 야릇한 동질감에 순간 그녀가 바로 옆에서 잠든 딸보다 더 가깝게 느껴졌다.

수더분한 동갑네가 말 새새에 우리말을 섞는 것도 흥미로웠지만 뜬금없는 비행기를 태워주자 나는 다시 울렁거리기 시작했다. 게다가 곰 같은 사내는 빙긋이 웃기만 하면서 나의 딴딴한 두 다리를 말랑하게 만드는 데만 몰두하고 있잖은가.

딸애가 눈 뜨기를 기다렸다가 나는 "팁 좀 드려야겠다."라고 소곤거렸다. 딸도 엄마를 위한 여행이라고 여겼는지 흔쾌히 그러겠다고 했다. 여행 기간 동안 쓸 비용을 나눠서 챙겨 다니는 딸애의 지갑을 확인해 보니 100달러짜리는 한 장이 있고 50달러 동전이 하나 들어있다. 셈법에 유난히 약한 나는 우리 돈과 대만에서의 화폐 가치가 빨리 계산이 되지 않으면서도 100달러짜리 한 장씩은 주어야 되지 않을까 싶어서 고민이 되었다. 말이 잘 통하는 사이라면 가지고 있는 150달러를 두 분께 수고비로 드릴 테니 나눠 가지라고 하면 될 것이지만 왠지 좀스럽다는 생각이 앞섰다.

두 손을 앞으로 맞잡고 하명을 기다리는 듯한 그들에게 "한국 돈 되나요?" 했더니 온몸으로 좋다는 반응을 보였다. 나는 내 지갑을 열었다. 여행을 떠나면서 우리 돈이 필요할 데가 없을 줄 알고 잔돈은 몽땅 빼놓고 5만 원짜리와 만 원짜리만 한두 장 챙겨 왔던 터라 또 난감한 상황이 되어 버렸다. 할 수 없이 나는 만 원짜리 두 장을 꺼내 기다리고 있는 둘에게 건넸다. 시골 아낙 같은 여성과 곰 같은 사내는 연신 허리를 굽실굽실하며 고마움을 표했다. 나는 나대로 기분이 좋아져 그곳을 나왔다.

밖으로 나오자마자 딸은 "엄마, 제정신 맞아?"로 시작하여 걷는 내내 나에게 잔소리를 퍼부었다. 만 원이면 마사지 대금의 삼분의 일이나 되는 거금이다, 엄마는 자기를 위해서는 천 원도 아까워서 벌벌 떠는 사람이 팁으로 만 원씩을 주다니, 보통 1할 정도면 충분한데 저 사람들 오늘 대박 만난 거다, 하면서.

나는 헐거워진 운동화 속의 야릇한 발 감촉에서 헤어나지 못한 채 눈만 끔벅였다. 아직도 화폐 가치가 계산이 잘되지 않았다. 다만 한국에서는 노래방에서 100점이 나와도 만 원을 척 붙이는 세태를 봤기 때문에 그 정도 줘야 하지 않겠냐는 생각에 빠져 있었다. 그러나 갑자기 내리는 빗방울에 정신을 가다듬고 환산해 보니 팁으로 만 원이면 많기는 많았다.

그렇다고 해도 어차피 봉사료라는 것이 시중을 드는 사람에게 고맙다는 뜻으로 일정한 대금 이외에 더 주는 돈이므로 자기 마음에 달린 것이 아닐까 싶다. 여태 살아오면서 나의 뭉친 어깨나 피로로 단단해진 다리를 정성스럽게 주물러준 사람이 있었던가. 물론 정해진 대가를 치렀고, 그들도 자신의 일을 하는 것이긴 했지만 실한 다리를 내밀고 앉아서 서비스를 받자니 솔직히 황송한 마음이 컸었다.

경험의 가치를 소중한 자산이라고 믿는 나는 생전 처음 딸과의 마음먹은 여행에서 정신을 잠시 잃었던가 보다. 여전히 몽롱한 눈빛으로 나는 딸에게 말했다.

"까짓거, 2만 원. 잃어버린 셈 칠란다."

팁 문화의 이해에 앞서고 계산에 밝은 딸과 같은 때가 나에게도 있었다. 그러나 정당한 금전적인 대가 외에도 마음으로 계산되는 대가가 있다는 걸 나는 지금에 와서 알았다. 피 같은 돈이 나갔지만 마음이 흡족해서 계속 실실 웃음이 나왔다.

(2016. 10.)

내 말 좀 들어보우야

야, 니 내 좀 아나? 모른다고? 요즘은 햇언나도 내를 알 낀데. 마카 하나씩 끼고 댕기믄서 내만 치다보든데, 기래도 내를 모른다고? 엄청시리 섭하네야. 그래믄 지금부터 내 얘기를 해 줄 끼니 얼러 귀구영 후비고 똑떼기 들어보우야.

내는 우리 쥔 양반하고 젤 가차운 데서 노박 같이 지내는 존재 아이요. 쥔이 곤한 잠에 빠자 일나지 못할까 봐 내는 둔누지도 못하고 꼴딱 밤을 새잖소. 기뿐인지 아나. 쥔이 온칭일 치뛰고 내뛰고 정신없이 쎄가 빠지게 돌아댕기믄서 내한테 중한 일정표를 맹글어 맽게 놓으믄 때때마다 지대로 알쿠 주는 비서 역할도 해잖소. 또 뭐이나. 그 뭐이지? 그래, 우리 줜이 울적하다 싶으믄 분위기에 맞는 음악도 한 곡썩 골라 들려주는 기래요. 요래 몇 가지만 들어도 내가 우리 줜과 뗄래두 뗄 수 없는 사이란 걸 알 것 같잖소?

맞드래요. 나는 시방 사램들이 안 가진 자가 없이 가지고 댕기믄서 잘 써먹는 스마트폰이래요. 사램들이 이름값 할라고 그래듯이 내도 엄청시리 똑똑한 걸 보여주려고 하잖소. 이 사람 저 사람이 끼리끼리 모여 이야기도 농구지. 정보가 개락으로 떠돌아댕기니 뭐라도 알고 싶은 거이 있으믄 댐박 찾아볼 수도 있잖소. 사램들은 내한테 빡시게 일을 맽기고 의존을 마이 하다가 없으믄 아마 시쳇말로 멘붕이 올 낀데 우타하와.

뭐니 해도 내가 젤 바쁜 게 요즘일 기래요. 답답한 우리 줜도 시상 돌아가는 거에 관심을 가질 정도니 나라 돌아가는 꼬라지에 대해서 이러쿵저러쿵 온갖 근거 없는 말들까지 쏟아져서 내가 한시도 조용할 새가 없잖소.

내 모르긴 몰라도 사램들이 마카 소래기 큰 짝의 얘기를 듣고

이 짝 저 짝으로 우르르 몰리댕기면서 요즘 시상이 천지에 달부 매련이 없어요. 원래 사램들이 남 얘기하는 걸 좋아하잖소. 내는 떠댕기는 그 많은 얘기들 중에 우탄 기 바른 얘긴지 뭐이 똥인지 된장인지 모르겠두우야. 근데 사램들은 을매나 영악스러운지 우 타 글케 잘들 아는지 내 눈까리가 돌아갈 지경이래요.

대굴빡에 똥도 안 마른 햇언나들도 요즘은 방실방실 웃는 기 아이고 순실순실 웃는다는 기 우스개 축에도 못 든다잖소. 떠돌아 댕기는 소래기들을 가만 본게 가차워도 너머 가차워삐리서 문제가 된 기 아인가 싶은 기래요. 모지람은 지나침만 못하다는 말이 똑 맞는 소래기 아이요?

언론에서는 스인가 느인가 하는 종재들이 가차운 걸 이용해서 대고 문꼬랭이를 잡고 흔든 기 도가 지나쳐도 너머 지나쳤다고 하드만요. 하는 소래기가 맞는지 우얀지 모르겠지만서도 법치국가 시상 천지에 권력 ㄲ나풀을 잡고서 비리를 저지르고 나댔다믄 그기에 맞는 벌을 달게 받는 기 맞잖소. 당연한 기래요.

근데요. 온 사방 언론이고 뭐이고 핵심을 흐리고 호도를 하고 그 뭐이나. 우리 쥔이 강원도에 좀 살 때게 어머이 어깨 너머로 들은 말이래서 사투리 실력이 영 어설퍼 적당한 말이 떠오르지

쁘뜨리 언니

않는다잖소. 에헤라, 그러이 뭐 답답시럽지만, 그 뭐이지? 기냥 침소봉대라고 해 두우야. 바늘처럼 작은 일을 몽댕이처럼 크게 부풀려 허풍을 떠는 모습을 우리는 시상 구석구석에서 많이 볼 수 있잖소. 시상 사램들의 허풍은 숭악하잖소. 바늘이 몇 사램 건너면 몽댕이로 변하니 여북하면 내가 다 부애가 나고 열이 채이겠소.

뭐 사램들은 다른 사램을 밟고 올라서야 자기가 살아남는다 생각하니까 우타든 민심을 몰아서 자기가 유리한 짝으로 몰아가려는 기 정상일지 모르는 기래요. 근데 코흘리개 언나들도 촛불 시위하는 데 동원해서는 나라를 복날 개 후리듯이 호달궈서는 온통 너분지리 맹그는 게 이기 뭔 눔의 정치 지도자들이란 말인 기래요. 자딸고 잰쟁이 같은 행세머리 아이요.

요 메칠 전에도 그 뭐이나, 광화문인가 뭔가 하는 데서 저 시굴 고라댕이에서도 올라오고 해서 마카 아부라 생지랄들을 했댔 잖소. 아니 우리 쥔처럼 가제나 하루하루 벌어 먹고살기 바빠서 배때지의 창지가 밖으로 제제하게 게 나올라 하는 사램들은 그저 평화로운 시상, 때꺼리 걱정 없는 포시라운 시상을 바랄 뿐인데, 뭐이 만구에 서로 잡아먹지 못해서 세무시럽게 그 난리들인지 모르겠는 기래요.

 시상에 털어서 문주 안 나오는 눔 봤소? 속을 딜따 보거나 까발리면 어, 쿤내 안 나는 눔 있으믄 나와 보라 그루야. 그래고 머리끄뎅이 잡고 쌈박질할 땐 하드래도 한목소리를 내야 할 때는 거저 한목소리를 내서 나라를 우선 빠들쿠고 볼 일이잖소. 마카지 욕심만 차릴라고 얼찐하면 흰소리로 쌔우고 어긋짱을 내고 있잖소. 자기 흠은 덮으면서 다른 사램의 문주를 탈탈 털라고 난리굿을 해대는 꼬락서니를 내 매일 보고 들어야 하니 정신이 싹 다 달아나고 우타 사는지 하나도 모르는 기래요. 귀따굽게 소래기만 지르면 뭐이 그기 다래요?
 이럴 때일수록 날래 정신 바짝 채리고 냉정하게 현실을 바라보는 기 중요한 기래요. 개루운데 긁어주는 것 같아서 천지 분간도 못하고 티미하게 뭉테이 뭉테이 몰리댕기다간 그 뭐이나, 나라 망하기 십상이래요. 그전에도 기딴 일이 개락이었드래요. 역사를 돌아보면 분열로 을매나 우리 뻬에 사무치는 일들이 많았는가 알잖소. 그러이 어느 것이 진짜 나라를 위한 일인가 몽창 내 말 똑떼기 마음속에 새겨주우야. 나라가 있으야 내가 있는 기 아이래요? 사무 뿔따구만 내다 동가리나면 니나 내나 마카 끝장인 기래요.

쁘뜨리 언니

우리 쥔은 내랑 가찹게 지내는 기 마음에 들지 않는다잖소. 아주 매했대요. 기래도 뭐, 남들맹키 요즘 시상을 살아갈라믄 어쩔 수 없이 가찹게 지내야지 우타겠소. 이기 우리 쥔 뿐만 아니라 다들 고민하는 문제 아이래요? 눈이 나빠진다, 목디스크가 생긴다 해대도 물에 빠추삐릴 수 없는 기래요. 그렇지만 사램이든 기계든 너머 가찹게 지내믄 내중에 탈이 나게 매련이잖소. 그러이 마카 뭐든지 앵간히 할 줄 아는 기 최고래요. 기래요? 안 기래요? 민구스럽지만 속 끼리다 지껄인 내 말이 틀렸소?

(2016. 11.)

2부 별일 아니에요

종애와 남일 | 정유년사丁酉年思 | 연분緣分 | 바위 속 그물 | 호상好喪
| 개안開眼 희망기 | 미친년, 미친놈 | 태움 | 이불 터는 아줌마

종애*와 남일

본래 사람 사귀는 재주가 없는 나는 주변에 사람이 많지 않다. 어렸을 때부터도 친구들과 노는 것 못지않게 혼자 보내는 것을 좋아했다. 물론 겨우내 얼었던 땅이 녹기를 기다렸다가 들로 나물을 캐러 다닐 때는 동네 여식아**들과 무리 지어 다녔다. 해 거름에 고무줄놀이를 하거나 무료한 낮에 공기놀이를 할 때도 조

---
* 종애 : 원래는 '종예'이지만 친구들끼리는 편의상 '종애'라고 부른다.
** 여식아 : '여식女息'의 경상도 방언

무래기들과 같이 놀긴 했다. 그러나 대개는 홀로 그림을 그리거나 꽃밭을 손질하고, 좁은 들길에 핀 제비꽃을 들여다보는 것을 즐겼다. 바람이 부는 날이면 대추나무 아래에 대추를 주우러 가거나 이른 아침에 밤새 떨어진 알밤을 주우러 갈 때도 혼자였다.

'국민학교' 저학년 때 통지표의 특기사항에 '아주 모범적이고 반의 귀염둥이이나 우울한 편입니다.'라고 선생님이 나에 대한 평을 했던 게 기억난다. 어렸을 때는 '우울하다'는 의미를 잘 몰라서 그냥 흘러버렸지만 담임 선생님이 왜 나를 우울한 아이로 보았을까. 살림 형편이 넉넉한 것은 아니었지만 회상해 보면 그때만큼 마음이 풍요로웠던 때도 없었다. 아이가 근심스럽고 답답할 일이 없을 듯한데, 선생님은 말수가 적고 활발하지 않은 내 모습이 우울해 보였던가 보다.

선생님의 시각대로라면 학창시절 내내 나는 우울하게 보낸 셈이다. 여전히 혼자 주변을 관찰하거나 메모하면서 보내기를 좋아했다. 친구들과 어울려도 나서는 것을 싫어해서 존재감이 별로 없는 아이였다. 그러다 충주로 고등학교를 가게 되었는데 1학년 때 종애를 알게 되었다. 종애는 키와 덩치가 커서 항상 뒤쪽에 앉았다. 덩치 큰 친구들은 왠지 위협적으로 느껴졌지만 키가 크지 않은 내가 어떻게 종애와 친하게 되었는지 지금도 잘 모르겠다.

종애와 나는 풀색과 녹색처럼 통하는 구석이 있었던지 조금 친밀해지자 어느 주말에 종애를 따라갔다. 종애네는 충주비료공장을 지나 충주댐 방향으로 조금만 더 가면 나온다. 비료공장은 1950년대 후반에 비료 자급자족을 위해 미국의 원조를 받아 건설된 우리나라의 중요한 산업시설이었다. 하지만 80년대에 산업구조가 바뀌면서 비료의 수요가 줄자 새한미디어로 바뀌었다. 친구 집이 있는 안골을 가기 위해서는 버스를 타고 공장 옆을 지나가야 했는데, 나는 지날 때마다 웅장한 규모에 늘 감탄하곤 하였다.

비료공장을 지나 목행역 플랫폼을 건너 안골의 종애 집에 갔다가 남일을 알게 되었다. 두 친구의 집은 안골 언덕 위에 나란히 있었다. 둘은 옆집에 살면서 같은 학교에 다녔다. 종애가 친구를 데려왔다고 알리기 무섭게 남일이 단걸음에 건너왔다. 남일은 나와 키가 비슷하고 싹싹하게 웃으며 맞장구를 잘 쳤다. 내가 갖지 못한 것을 가졌다고 생각해서인지 남일에게 금세 호감을 가지게 되었다. 그날의 만남이 지금까지 삼십여 년 동안 변하지 않고 이어질 첫머리가 될 줄이야.

마음이 맞는 친구를 만나게 되자 나는 점점 용돈이 궁할 때만 집에 가게 되었다. 나 자신조차 본가가 헷갈릴 정도로 주말에 단양의 집에 가는 횟수보다 목행의 남일네에 가는 일이 더 잦아졌다. 사 남매를 두신 남일의 부모님께서는 뒤늦게 막내딸이 하나 더 생긴 꼴이 되었는데도 싫은 내색을 하지 않으셨다.

지금 생각해 보면 넉넉하지 않은 살림에 주말마다 막내딸 곁에 묻어오는 혹이 성가셨을 법도 하다. 나도 눈치가 아주 없는 편은 아니어서 남일에게 말을 꺼내면 남일은 "괜찮아, 괜찮아. 신경 안 써도 돼야. 우리 엄마가 너를 며느리 삼고 싶다고 하시더라, 야." 하면서 나를 눌러앉히곤 했다. 친구와 시시덕대는 재미에 빠져서 그 말을 곧이듣고는 해가 지는 줄 몰랐다.

그 후에 남일은 타지에서 치른 내 결혼식에 유일한 신부 친구로 참석해 주었고, 나의 하나뿐인 동생이 청주에서 대학을 다닐 때는 신혼이면서 기꺼이 하숙집 아줌마도 되어 주었다. 가끔 다른 일로 청주에 가도 얼굴을 보고 싶어 불러내면 맛있는 밥으로써 나의 허한 속을 채워 주기도 한다. 편한 친구로 때론 자상한 언니처럼 때론 무조건적인 수호천사가 되어 내가 설 수 있게 해준다. 남일과의 인연을 생각하면 나는 언제나 든든하고 가슴이 따듯해진다.

지난가을에는 내가 그동안 써 온 글들을 묶어 첫 수필집을 내게 되었다. 종애와 남일은 출간회에 꼭 오겠다며 별렀는데 남일의 집안에 뜻밖의 우환이 생기는 바람에 행사 당일에는 참석하기 어렵다고 했다. 경황이 없을 텐데 출간회가 대수이겠는가. 당연히 가정을 먼저 돌보아야 하건만 이 친구들은 출간회 전이라도 다녀가겠다고 하였다. 힘들게 그럴 것 없다며 한사코 말렸는데도 어느 금요일에 내가 일을 마치는 시간에 맞추어 밤길을 달려왔다. 뒤 시간 만남으로 아쉬운 마음을 접고 새벽에 또다시 먼 길을 돌아가야 하는 두 사람의 뒷모습을 보면서 마음의 깊이를 측량해 보았다.

흐르는 시간은 많은 걸 변화시킨다. 십 년이면 강산도 변한다고 하는 말에는 세월이 흐르면 자연조차도 변하지 않는 것이 없게 된다는 뜻이 담겨 있다. 그런 시간의 속성에도 불구하고 종애와 남일의 우의는 변함이 없다. 아직도 안골에서의 열일여덟 모습을 고스란히 지니고 있다. 비록 흰 머리카락이 생기고 주름은 생겼지만 마주하면 그 시절의 풋내 나는 소녀가 된다.

목행 삼거리에서 안골까지 비료공장 뒤로 난 샛길을 따라 걸어가면 버스비 50원을 아낄 수 있었다. 굳은돈*으로 포도맛 폴라

포 하나씩을 사서 물고 땀을 흘리며 안골로 가던 소소한 추억이 나에겐 귀하다. 앞으로 이십 년, 삼십 년 후까지 들춰봐도 질리지 않을 장면이다. 대수롭지도 않고 등장인물도 많지 않지만 그 순간을 내 삶의 몇 안 되는 명장면으로 꼽고 싶다.

(2016. 12.)

---

* 굳은돈 : 굳혀진 돈. 누가 뭐래도 그 자신의 돈임을 자타가 인정하는 돈.

정유년사丁酉年思

　　세상사에는 이것이다, 저것이다 하고 명확하게 선을 긋기 모호한 때가 있다. 어쩌면 많은 것이 경계가 분명하지 않을지도 모른다. 오늘에서 내일로 넘어가는 것도 그렇고, 시끄러운 세태에 넋이 나가 여전히 병신년인가 싶었는데 어느 결에 정유년에 들어선 것도 그렇다. 하지만 주변을 이해하거나 상황을 인식하지 못한 채 흐름에 휩쓸리다 거역할 수 없는 난국을 맞게 되는 경우라면 어떨까. 나라가 알 수 없는 곳으로 시나브로 가고 있다는 느낌이 나의 편협한 시대감각에서 오는 것이라면 좋으련만.

작년 말에 이어서 정유년 벽두에도 열기로 뜨거운 곳은 아마도 광화문 광장이 아닐까 한다. 자신들의 소신을 펼치기 위해서든 친구 따라 거름 지고 장에 간 것이든 함성은 사그라질 줄 모르고 들끓고 있다. 저마다의 드높은 목소리를 가까이에서 듣고 있는 이가 있다. 뱃머리에 서서 풍전등화와 같은 나라를 구하기 위해 고심하던 때처럼 큰 칼을 쥔 채 내려다보는 이순신 장군이다.

장군이 왜적을 맞아 몸을 사리지 않고 싸우던 1597년도 정유년이었다. 수백 척의 왜선을 보고 전의를 잃고 도망갈 궁리만 하는 부하와 병사들에게 했던 말이 '한 사람이 길목을 지키면 천 사람의 적도 두렵게 할 수 있다. 살려고 마음먹지 마라. 적선이 1,000척이라도 우리 배에 함부로 덤벼들지 못한다. 마음 약해지지 말고 온 힘을 다해 적과 싸워라.'였다. 나라가 어지러우면 충신이 난다고 했는데, 지금 2017년 정유년에는 장군처럼 나서서 국민들에게 용기를 북돋워주고 희망을 주는 지도자가 있기나 한지.

사람이 죽음 앞에서 담담하기가 그리 쉬운 일인가. 하지만 장군은 자신의 목숨을 하늘에 맡기고 순간순간 겸허하게 받아들였던 것은 아닐까 한다. 위기가 올 것에 대비하고 싸움에 앞서서는 치밀한 전략을 짜며 나라와 백성을 먼저 생각한 사람이었다. 임금에 충성하고 어머니께 효성스러운 마음을 가지고 있었으며 아들들에게는 깊은 사랑을 보여준 아버지였다.

그렇지만 장군은 어떤 역할보다도 장수로서 가장 빛났던 사람이다. 아들이 억울한 옥살이에서 풀려났다는 소식을 듣고 연로하신 어머니가 마중을 오다가 돌아가시는 일이 벌어졌다. 장군은 비할 데 없이 애통해했지만 백의종군해야 하는 처지여서 전장에 나서야 했다. 어머니의 장례절차를 마친 후 가고 싶었지만 나라에 위태로운 상태가 계속되자 장수의 자리로 돌아가 소임을 다했던 것이다. 애끓는 심정을 어찌 칼 밑에 감추었을까마는 장군은 나라 없는 백성은 금수보다도 못하다는 사실의 중요성을 잘 알았던 인물이다.

정유년에 어머니의 죽음에 이어 셋째 아들까지 앞세워야 했던 장군은 비통하여 자신이 죽지 않음을 한탄했다. 안타깝게도 그 한탄은 한 해 뒤인 무술년에 현실이 되고 말았다. 무패의 장군은 노량해전에서 자신이 그토록 염려했던 나라와 임금, 백성과 가족을 남기고 떠났다. 죽음의 순간에서조차 지휘관의 부재로 역공을 당할까 봐 걱정이었으니 뼛속들이 나라를 위한 사람이지 않는가.

스스로가 '한 사람이 길목을 지키면 천 사람의 적도 두렵게 할 수 있다. 살려고 마음먹지 마라.'라는 말을 솔선수범한 셈이다.

장군은 왜적의 침입이라는 국난에 맞서 싸우면서도 나라 안의 부조리에 대해 걱정하였다. 능력이 없는 사람이 친분을 이용하여 권력을 차지하고 있는 것을 보고 나라를 위한 인재가 없음을 한탄하였고, 일부 지도자가 자신만 생각하여 도망하는 것을 걱정하였다. 사백여 년 전이나 지금이나 나라 안팎의 걱정거리는 별로 달라진 것 같지 않다. 호시탐탐 침략의 야욕을 드러내는 적과 실리를 앞세워 압박하는 강국으로 둘러싸인 국제 정세, 권력욕에 눈이 멀어 안보나 국민은 안중에 없는 국내 정치 상황. 시공간이 명확히 구분되지 않고 사백 년도 찰나처럼 지나버린 탓에 변할 짬이 없었다고 한다면 수긍할 사람이 있을지 모르겠다.

오늘날에는 기술은 다양하게 발달하고 양식樣式은 날로 진화하고 있다. 그렇지만 변화와 무관하게 사람들의 지력智力은 갈수록 약해지는 것 같다. 광화문 광장의 높은 곳에서 지력이 허약한 군상들이 야기한 대한민국의 혼란을 내려다보며 장군은 지금 무슨 생각을 하고 있을까. 어려운 조건에서도 왜적을 물리칠 전략을 세밀히 짰듯이 난세에 영웅을 만나지 못한 이 나라의 암울한 현실을 보면서 속 시원한 묘방을 내려주신다면 좀 좋겠는가.

편 가르기와 선동을 일삼는 관리들의 무능과 비겁함을 보면서, 법과 정의를 짓밟는 모리배들의 파렴치를 보면서 진정으로 대의를 걱정하는 충신을 바라는 것이 헛된 꿈인가를 허공을 향해 묻는다. 세월 따라 충신의 정의定義는 바뀌어야 하겠지만 시대가 바뀌어도 변하지 말아야 할 것은 정의正義이다. 정의가 사라진 세상은 사람도 살 수 없으며 종국엔 나라의 존재마저도 위협을 받게 되는 지경에 이를 것이다.

정유년까지 이어지고 있는 함성을 들으며 오래전 정유년의 열세였던 싸움을 떠올려본다. 나라를 구하기 위해 뜨거운 가슴으로 고군분투했던 장군을 생각하면 지금의 현실이 그 시대의 조악한 싸움 같아서 면목 없고 막막하다. 사백여 년 전 정유년과 올 정유년의 달라진 점이 무엇인지, 시대가 지나긴 했는지 분간이 되지 않는다. 정치 지도자들의 민망한 행태를 보노라니 차라리 그 옛날 정유년으로 세월을 거슬러가고 싶은 심정이다.

(2017. 1.)

연분 緣分

유월의 떡갈나무 같은 아들에게 여자 친구가 생겼다. 호기심도 일었지만 그보다 염려가 앞서서 신중을 기하라고 슬쩍 한마디 했다. 그리고 나서 내 마음 상태를 가만히 들여다본다. 마치 며느릿감이라도 맞는 듯이 시어미 심정이 되어 촉각을 곤두세우고 있는 것이 아닌가. 아들은 지금껏 사귀는 사람이 있다고 당당히 공개한 적이 없었다. 이번에 처음으로 호감을 갖고 알아가는 중이니 지켜봐 달라고 했다. 게다가 여자 친구라고 했지, 며느리가 될 사람이라고 한 것이 아니다.

　녀석이 여자 친구가 생겼다며 들떠서 전화했을 때만 해도 크게 궁금하지 않았다. 소소한 일로 약간의 오해가 있어서 좋게 생각하지 않은 탓이었다. 그러나 시간이 지나면서 어떤 처자인지, 관계를 잘 유지하고 있는지 마음이 쓰였다.

　그러던 차에 둘의 사진이 왔다. 사진 속의 젊은 남녀는 오누이라고 해도 믿을 정도로 닮았다. 외씨 같은 눈과 꼬리가 살짝 올라간 듯한 눈매하며, 콧대가 높고 끝이 두툼한 것하며, 무심히 다문 입매 하며. 순간의 예술에 갇힌 젊은 남녀의 분위기로 봐서 성격까지 닮아 보인다.

　남남이 놀랍도록 닮았다는 사실에 나는 두려움과 안도감이 혼재된 감정 상태가 되었다. 두려움과 안도는 언뜻 상반된 감정 같아 보이지만 지극한 기원 앞에서 인간이 동시에 갖게 되는 감정이 아닐까 한다. 잘되길 간절히 바라는 마음과 혹시 잘못되면 어쩌나 하는 불안한 마음. 사진 속의 닮은 둘을 보는 순간 거부할 수 없는 인연일지도 모른다는 예감이 들면서 어릴 때 경험했던 연분이 의식 밑바닥에서 떠올랐다.

　무학無學의 어머니는 남다른 재능을 가지고 있었다. 혼기가 찬

근동近洞의 총각과 처자를 눈여겨봐 두었다가 서로 맺어주는 일에 정성을 들였다. 내가 알기로도 꽤 여러 쌍이었던 것으로 기억된다. 어머니는 당신의 중신 기록을 손으로 꼽으며 자랑스러워했다. 적지 않은 중신을 서고도 뺨을 맞은 적이 없었으니 어머니의 실력은 인정해줘야 할 듯하다.

한번은 양뱅이의 이웃 마을인 노동리 쪽으로 한참 걸어 들어가는 가나골에 중신을 넣으러 갈 때 말동무 삼아 나를 데리고 간 적이 있다. 지금도 직접 만나기 전에 사진으로 선보게 되는 경우가 많지만 그때는 사진이 짝을 맺어주는 데 큰 구실을 하였다. 지붕이 낮은 총각의 집 안에 들어서시 목을 축인 뒤 어머니는 겹겹이 접힌 하얀 손수건을 꺼내 방바닥에 펼쳤다. 배꽃을 닮은 처자가 수줍게 첫선을 보였다.

출타 중인 총각 대신 그의 사진을 처자 사진 옆에 놓고 어머니와 총각의 어머니는 "둘이 마이 닮았네."라는 말들을 주고받았다. 총각의 어머니는 처자가 참해 보인다며 마음에 들어 했지만 당사자인 총각의 의향이 중요했으므로 처자의 사진을 두고 돌아왔다. 반가운 소식이 오기를 기다리던 어느 날에 한번 만나보고 싶다는 총각 쪽의 전갈을 받고 어머니는 바빠졌다. 밭일도 미루고 공을 들인 결과 또 하나의 귀한 연분을 만들어냈다.

어머니의 주선으로 부부의 연을 맺게 된 남녀들이 혼인식 날짜를 알려오면서 약혼 사진도 한 장씩 동봉했는데, 어머니는 그 사진들을 우리 가족의 사진첩 한쪽에 끼워두고 흐뭇하게 꺼내보곤 하였다. 그럴 때마다 양복을 말쑥하게 차려입은 남자와 수수한 한복으로 멋을 낸 사진 속의 여자를 쓰다듬으며 나직이 말했다.

"참 잘 어울리는 한 쌍이다."

사진에서 눈길을 떼지 못하는 어머니 곁에 앉아 나도 어느 쌍의 약혼 사진을 들여다보았다. 사진 속의 남녀가 영락없는 남매로 보였다. 곡선을 닮은 네모난 이마와 부은 듯이 두툼한 눈두덩과 복스러우면서도 약간 나온 입술. 사진 왼쪽에 세로로 '約婚 記念'이라고 새겨져 있었지만 한자를 알지 못했던 때라 형제(남매)가 서로 닮는다는 것이 신기하게만 생각됐다. 아마도 일곱 번째였던가. 누런 사진 속의 닮은 남녀의 모습이 지금도 선명하게 떠오른다.

어린 내 눈에도 남매처럼 보인 두 사람은 보통 인연이 아니었던 모양이다. 어머니가 골골이 다니며 닮은 사람을 특별히 찾아 맺어준 것도 아닐 텐데 그토록 닮았다는 것은 연분이 아니고서는 설명하기 어려운 대목이다. 물론 부부는 살아가면서 닮아가기도 한다. 한솥밥을 먹으며 많은 것을 공유하다 보면 은연중에 닮아간다. 그러나 만남부터 닮은꼴의 두 사람은 더욱 견고한 동지애를 바탕으로 잘 살아가지 않았을까 싶다.

본 적 없는 처자의 어깨너머에 있는 녀석이 낯설면서도 익숙하다. 자신과 닮은 여인을 만난 아들이 제대로 된 짝을 만나기는 한 것일까 하는 간곡한 바람이 담긴 우려와 연분을 만난 것 같아서 다행이구나 싶은 안도가 섞인다. 세상살이에 변수가 많아 더 두고 볼 일이지만 처음의 오해에서 생긴 앙금은 간데없이 사진 속의 처자에게 마음이 끌린다. 예전에 어머니가 사진 속의 선남선녀를 어루만지듯이 전화기 속의 얼굴을 보고 또 들여다본다.

요즘 젊은 남녀들은 가볍게 사귀다 쉽게 헤어지는 일이 흔하다. 그런데 아들을 둔 부모는 아들에게 여자 친구가 생기면 '우리집 식구'가 하나 더 생긴 듯이 당장 '시월드' 자세가 된다. 마음이 앞서 '시'아버지가 된 듯이 생일선물에 용돈까지 챙겨주며 사랑을 과시하고 싶어 한다. 또 '시'엄마는 처자에게 피부 관리 티켓을 끊어주고 명품 가방을 사 주기도 한다고 한다. 나는 다만, 아들이 부탁한 생필품과 밑반찬을 싸면서 택배 보따리 구석에 천혜향 두

알을 채운다. 내가 먹으려고 몇 알 사두었던 것인데 둘이 맛이라도 보았으면 해서다.

그 처자도 어느 집의 보물 같은 존재다. 하지만 '딸의 남자 친구'는 딸을 둔 아버지에게는 만만하지 않은 적수가 된다. 졸지에 보물을 훔쳐 가려는 도둑놈 신세가 되고 만다. 내가 보기에는 잘 생기고 듬직한 청년임에도 어느 점잖은 지인은 딸의 남자 친구를 지칭할 때마다 "비리비리하고 힘도 못 쓰게 생긴 새끼가." 하면서 적의를 드러냈다.

사회는 급변하여 '딸 가진 죄인'이라는 말은 이제 박제가 되었다. 오히려 '아들 가진 죄인'의 시대가 도래했는지도 모른다. 이러한 때에 본의 아니게 도둑 같은 아들을 두어 죄스러운 엄마지만 소박한 바람이 하나 있다. 아들이 이왕 연분을 만났다면 처자의 아버지로부터도 후한 점수를 따길 고대한다.

(2017. 3.)

바위 속 그물

맑음을 모은다는 집청정集淸亭을 지나 오른쪽으로 고개를 돌리니 산자락 하나가 눈에 들어온다. 봄기를 듬뿍 먹은 거북한 마리가 여유롭게 햇살을 즐기는 듯한 자세를 취하고 있다. 위에서 내려다보면 강줄기가 에워싼 모습이 마치 거북이 넙죽 엎드린 형상이라 반구대라 했다던가. 거북의 머리 위에는 반고서원 유허비가 오월의 녹음 속에서 고깔모자처럼 도드라진다.

천전계곡을 거쳐 흘러내리는 옥류를 따라 걷노라면 폭이 좁아진 강물 뒤로 바위산이 펼쳐진다. 커다란 암벽산 위로는 쏟아지는 빛 속에 초록 잔치가 한창이다. 녹두 고물을 뒤집어쓰고 있는 시루떡 같다. 아래로는 물에 잠겼다 드러났다 하는 사이 층층 무늬를 갖게 된 암벽이 받치고 있다. 그중 한곳에 사람들의 눈길이 머문다. 태곳적의 그림!

숨을 고르고 서서 햇빛을 받고 있는 바위산을 건너다본다. 이어 반구(半球)를 그리며 산세를 훑는다. 기암괴석이 기둥을 이루고 대곡천의 잔가지들이 본류와 다정히 호반을 이루는 모습은 절승이로다. 다시 시선을 바위그림이 새겨져 있는 아랫부분으로 옮긴다. 흐릿해져 가는 문양은 손에 닿지 않는 거리에서 시간과의 싸움을 하고 있는 듯해 더욱 마음을 붙든다.

수천 년을 거쳐 오면서 산세와 지형 등은 풍화와 침식을 겪으며 오늘에 이르렀다. 옛사람들이 저 건너에 있는 바위산의 편편한 절벽에 몸을 의지하며 고래와 호랑이 등을 새겼을 당시에는 지금과는 비교할 수 없을 만큼 신성하게 여겼던 곳이다. 인적이 드물고 예사롭지 않은 곳을 찾아서 천신과의 대화 의식을 치르며 많은 것을 자연에 기대어 살았던 흔적이다.

구릿빛 사내 두어 명이 높다란 바위벽에 동물과 사람, 도구의 문양을 쪼거나 긋는 모습을 상상해본다. 널찍한 바위면에 3백여 점의 문양을 새기자면 꼬박 몇 달을 매달려야 했으리라. 소망을 담은 바위그림이 완성되면 바위벽은 제단의 신령스러운 배경이 된다. 그 아래에는 의식을 치르기 위한 제단을 마련한다. 자갈에 부딪치며 흐르는 강물소리를 제례악으로 삼아 엄숙한 제사장의 주술이 시작되면 물새도 숨을 죽이고 산새도 날갯짓을 멈추고 제 꾼이 되었을 것이다.

그 옛날 시인 묵객들이 찾아 마음을 씻던 아담한 바위 위에 앉아 강물이 재잘대는 소리를 들으며 암각화를 떠올려본다. 바다동물과 육지동물로 채워진 그림 간간이 울타리나 그물 같은 도구들도 눈에 띈다. 그중에 대왕고래도 너끈히 잡고 남을 그물에 내 마음은 걸리고 만다. 인터넷이라는 컴퓨터를 기반으로 하는 네트워크가 신천지를 만들더니 이제는 인공지능이 대세가 된 4차 산업혁명 시대를 맞아 수많은 도전을 하고 있다. 도구의 눈부신 발전으로 우리의 삶을 변하게 하는 인간의 능력에 대한 경외감을 가지면서도 그 뿌리는 선사시대의 도구에서 비롯되었다는 생각에 서다.

단단한 쇠와 변변한 기술도 없었을 옛사람들은 바다 가운데에

유영하는 덩치 큰 고래를 잡기 위한 궁리를 오랫동안 하고 시행착오를 거치며 드디어 그물을 만들어냈다. 현재의 눈으로 보면 태초부터 원래 있었던 물건처럼 여기거나 평범하게 생각될지 몰라도 처음 그물이 만들어졌을 때는 인간이 달에 첫발을 디딜 때의 감격 이상이었을 것이다.

점차 기술은 발달하여 음식을 보관하는 기계(냉장고)까지 만들어냈다. 발달이라는 것은 어쩌면 어느 한 부분의 퇴보를 의미하는지도 모른다. 냉장 기술을 믿고 넘치도록 끌어안고 있다가는 썩혀 버리기 일쑤다. '적당히, 나누면서, 필요한 자에게'라는 인류의 생존 법칙마저 찬 기계 속에 넣어둔 채 외면하고 있다.

그러나 어쩌지 못하는 생존 앞에서 바다생물을 잡기 위해 그물을 던졌을지라도 코를 느슨하게 하여 개체를 조절하면서 자연과 조화를 이루어 살고자 했던 선사인의 슬기를 짐작해본다. 먹고 사는 일에도 순서와 완급이 있다는 사실을 일깨워준다.

돌아보면 나는 삶의 그물코를 촘촘하게 짜놓고 피라미라도 낚이길 안달하며 살아온 듯하다. 목숨을 걸지 않아도 될 일에도 파르르 떨며 끝장을 보고 싶어 했다. 티끌 같은 남의 흠을 바위로 만들어 놓고 깨려고 힘을 뺐다. 빡빡한 행동을 자신이 처한 환경

탓으로 돌리려 하지만 때로는 성긴 코 사이로 잔챙이들을 놓아주는 것이 풍요로운 수확을 가져다주는 일이었다는 것을 이제야 깨닫는다. 놓아버릴 것은 놓아버리고 실한 것을 챙기는 것이 만선滿船의 기쁨을 앞당기는 길일 수 있다는 것도 좀 더 일찍 깨닫지 못했다.

바위그림은 돌도끼에서 인공지능까지 아우르며 여전히 자리하고 있다. 경건한 마음으로 바라보면 마음밭이 한 뼘 넓어지는 것 같다. 그래서 옛사람들은 기원하고 의지함으로써 살아남을 수 있다는 믿음을 가졌는지도 모른다. 복잡한 오늘날의 시선으로 보사면 주술의 행태가 얼핏 단순해보일지 모르지만 간절한 바람이 담긴 기도문임에 분명하다.

(2017. 5.)

호상 好喪

작은아버지 영정 앞에서 돌아온 지 일주일이 지났다. 벌여놓은 일들을 감당하느라 분주하게 보낸 일주일이 나에겐 찰나와 같은데, 홀로 집에 남은 작은엄마에게 그 시간은 억겁과 같지 않았을까. 타인은 결코 깊이 알 수 없는 세계를 당사자는 속속들이 온몸으로 겪어내야 하는 냉엄한 현실인 것을. 작은엄마가 문상객을 맞으며 평소와 별반 다르지 않은 자세를 보일 수 있었던 것은 신앙의 힘이기도 하고 몇 개월의 이별연습을 한 덕일지도 모른다.

몇 달 전에 전동 스쿠터를 타고 나갔다가 사고를 당한 작은아버지는 의식이 온전치 못한 채 그동안 병원에 계셨다. 연세가 있어서 회복이 쉽지 않아 보이긴 했지만 올여름을 겨우 넘기고 구월이 시작되는 첫날에 모든 것을 내려놓으셨다.

부음을 받고 지난 주말에 부산의 보훈병원 장례식장 203호실 앞에 섰다. 마주 보이는 의자에 검은 치마저고리를 입고 하얀 리본을 머리에 꽂은 작은엄마가 앉아계셨다. 평소처럼 단아한 모습은 변함이 없어 보였다. 사촌 여동생들도 검은 한복을 입고 한쪽에 서서 조문객들을 맞거나 음식 내는 일을 돕는 걸 보자 남의 집안일이 아니라는 게 실감났다.

혼이 반은 나간 사람처럼 서 있는 나를 작은엄마가 먼저 알아보셨다. "와줬구나. 고맙다." 하시며 잡은 손등을 도닥였다. 그러고는 "작은아버지께 마지막 인사드리자."라며 빈소로 이끌었다. 영정 속의 작은아버지는 작년 추석 때 뵈었을 적과 딴판으로 젊고 건강한 모습이었다. 향도 사르지 않고 허리만 숙인 채 고인에게 인사를 드리는 기독교 방식이 잠시 낯설었지만 가시는 작은아버지를 마지막으로 뵐 수 있는 자리다.

알 수 없는 일이다. 아버지와 피를 나눈 마지막 한 사람과의 끝이라는데, 앞으로 다시는 뵐 수 없다는데, 작년에 뵈었을 때 가슴이 뜨거웠던 것과 달리 눈가만 설핏 젖는다. 상주와 마주하기도 민망할 정도다. 상주 곁에 기다리고 서 있는 작은엄마와 눈이 마주치는 게 무안할 지경이다. 주춤주춤 물러나 서울에서 내려온 동생이 앉아 있는 자리로 갔을 때 옆에 다가와 앉은 사촌 여동생의 말을 들으면서 조금 알 것 같았다.

작은아버지는 여든여섯 해를 누리고 가시는 날까지 남겨진 사람들에게 은혜를 많이 베풀고 가셨다. 사고 후 보험회사로부터 의료혜택을 받는 것이 팔월 말일까지였다고 한다. 남은 사람들 입장에서는 개인 부담으로 바뀌는 첫날에 숨을 내려놓으신 것도 은혜가 아닐 수 없다는 해석이다.

게다가 한국전쟁 참전 기록을 뒤늦게 밝혀낸 덕분에 영원한 안식처에 대한 걱정도 덜어주고 가셨다. 당신 본인뿐 아니라 훗날 작은엄마의 안식처까지 마련해 놓으셨으니 호국원으로 향하는 자식들의 걸음이 무거울 리 없다.

무엇보다 반려자와의 사별은 견디기 어려운 아픔이라고 한다. 나는 작은엄마 걱정이 앞섰다. 그러나 이 또한 해피엔딩 각본에

짜인 것처럼 절묘하게 마무리가 된 것 같다. 어쩌면 인내심이 부족한 사람이라면 한계를 느낄 만도 한 반년이라는 기간을 병원에 계시면서 혼자가 되실 작은엄마에게 새로운 환경을 맞이할 시간을 주셨다는 점이다. 그 또한 작은아버지가 생전에 조상을 잘 받들고 형제들 간의 우애를 소중히 여기며 고루 덕을 베푸신 덕분이 잖은가.

작은아버지가 남긴 은혜는 이것만이 아니다. 자주 만나지 못하고 사는 사람들을 이 자리를 빌려 만날 수 있게 한자리에 불러주신 것이다. 피를 나누었지만 평소 자주 만나기 어려울 정도로 바쁜 삶을 살아오던 동생을 만날 수 있게 해주었다. 더욱이 삼십 어 년 전에 나를 좋아했다던 작은댁 옆집에 살던 사촌 오라버니의 친구도 재회하게 해주셨으니 내 입장에서도 은혜는 넘치고도 넘친다.

예전에 아버지는 생면부지의 어느 아저씨를 가까운 친척이라며 인사를 올리게 했던 적이 있다. 아버지가 말한 '가까운'이 어느 정도인지는 모르지만 안면이 없던 걸 보면 그리 가까운 관계는 아니었을 듯하다. 한 다리가 천리라, 작은엄마와 사촌들에 비하면 멀지만 작은아버지와 나와는 관계를 따져보면 근촌이다. 그렇지만 현대사회에서는 이 가까운 촌수 사이가 때로는 가까이 느껴지지 않기도 한다. 내 마음이 무겁지 않은 것이 그래서였다고는 믿고 싶지 않다. 단지 생전의 성품대로 두루 온화한 기운을 퍼뜨리고 가신 은덕으로 많은 이들의 마음이 데워졌기 때문이라고 믿는다.

보통 복을 누리고 오래 살다 가셨을 때 호상이라고 한다. 죽음이 '좋을' 리는 만무하지만 분명 호상은 존재한다는 것을 작은아버지의 뒷모습을 보면서 느낀다. 진정한 호상이란 살아 있는 동안에 은혜와 덕을 고루 나눠주신 분에 대해 남은 자들이 올릴 수 있는 최고의 찬사가 아닐까 한다. 고인의 은정을 입은 유족이나 타인들이 마음으로부터 흡족을 느낄 때 언급할 수 있는 말이다. 마지막 배웅의 마당에 모인 객들도 흡사 잔치에 초대받은 듯 무겁거나 어둡지 않다. 마치 금요일 밤의 축제 같다고 하면 작은댁의 남은 가족들에게 상처가 될지도 모르는 지나친 비유일까.

발인을 지킬 형편이 못 돼 물러 나오면서 작은엄마께 하직 인사를 드렸다. 아쉬워하는 작은엄마의 곁에 섰던 사촌 올케언니는 이어지는 큰일에 피로가 쌓여 창백해진 낯으로 말했다. "그래도 작년 추석에 다녀가고 나서 아버님이 무척 좋아하셨어요." 이 한마디가 가슴에 꽂힌다. 뒤늦게 선물로 드린 헌팅캡을 언제까지고 쓰시길 바랐던 일이 부질없었던가.

　작은아버지가 가심으로써 아버지 형제분들의 시대도 끝이 났다. 아버지와도 같았던 작은아버지의 부재로 나의 구심점도 이제 사라진 느낌이다. 그러나 타인과 관계를 어떻게 맺으면서 살아야 하는지를 몸소 보여주셨기에 내 가슴속에는 영원한 바이블로 남아 있을 것이다. 그래서 좀은 위안이 된다.

(2017. 9.)

개안開眼 희망기

환갑이 지난 지 꽤 된 어느 선생이 침침하던 눈이 창을 닦아낸 것처럼 밝아졌노라고 했다. 순수 가꾼 열매를 여름과 초가을에 물리도록 따먹은 결과인 것 같다는 말도 곁들였다. 본의 아니게 눈을 혹사하는 사람으로서 귀가 얇은 탓도 있지만 평소 그분은 헛말을 잘 못하는 것을 알기 때문에 바로 '접수'가 되었다.

시월 중순께 시장에 갔더니 마침 흑자색의 무화과가 쏟아져 나와 있었다. 말린 무화과는 가끔 먹어봤지만 생으로는 먹어본

적이 없다. 나는 낯섦에 익숙해지는 데 시간이 걸리는 편이다. 특히 맛에 대해서는 첫 시도를 하기까지 잔질구는* 과정이 필요할 정도다. 그렇지만 얼마 전에 귀담아두었던 말이 생각나서 일단 여남은 개를 사기로 했다.

지금껏 경험해 보지 못한 맛에 대하여 기대한 것에 비하면 그저 그랬다. 하지만 심심하면서도 수더분하여 오히려 끌렸다. 반으로 갈랐을 때 모양도 곱고 좁쌀보다 작은 씨 같은 꽃이 씹히는 것도 별달랐다. 무엇보다 부드러운 육질이 부담 없어 손이 자주 갔다. 첫 만남치고는 인상이 괜찮았다.

다음 장에 갔을 때 무화과가 산을 이룬 것이 유독 눈에 띄었나. 세다가 세 박스에 만 원 한다기에 그만 세 곱을 주문하고 말았다. 갓난애의 조막만 한 열매들이 주방의 빈 공간을 어지러이 차지했지만 먹기도 전에 환한 등을 단 듯 눈이 밝아지는 느낌까지 들었다. 그러나 쉽게 물러버리는 성질을 가진 열매라 어찌해야 할지 궁리가 필요했다. 냉동실과 냉장 칸에 넣고도 남은 열매로는 잼을 만들 수밖에 없었다.

시간이 필요한 졸임 과정은 늦은 밤까지 이어졌으며 나의 인

---
* 잔질구다 : '안정을 취하다', '가라앉히다'를 뜻하는 강원도 사투리.

내와 체력도 바닥이 보일 지경이었다. 마무리 단계에서 박스를 처리하는 중에 '여왕의 과일'이라는 돋을새김 글자가 눈에 들어왔다. '계절의 여왕'처럼 '과일의 여왕'도 아니고 '여왕의 과일'이라니 속살처럼 뭔가 또 다른 은근한 매력이 있을 듯했다.

그 선생의 경험담에서 비롯되어 더욱 선명해진 무화과는 내가 미처 알지 못했던 효능이 많은 과일이었다. 기미와 주름도 예방하고 피부 노화도 막아준다고 하니 여왕이 반할 만하지 않은가. 클레오파트라가 건강과 아름다움을 위해 기원전에 먹었다는 걸 나는 4차 산업혁명 운운하는 시대에서야 맛보게 되다니. 뒤늦은 발견이지만 또 하나의 앎을 나의 사전에 올리게 되었다. 세상의 무궁무진한 사실 가운데 하나씩 알아갈 때마다 나의 안계眼界도 조금씩 넓어지면 좋으련만.

'눈이 밝아졌다'는 자랑도 빈말은 아닌 듯해 보였다. 눈의 피로뿐만 아니라 백내장 등의 안과 질환을 예방해 주는 효과도 있다고 한다. 성경에서도 '여자가 열매를 따먹고 아담에게도 주었는데 두 사람의 눈이 밝아져 자기들이 벌거벗고 있다는 것을 알고 잎을 엮어 치마를 하였더라.'고 언급한 구절이 있다. 상징적인 이야기겠지만 보이지 않던 것이 보인다면 무화과야말로 나에게 꼭 필요한 열매이지 않을까. 물리적인 개안이 아니라 사물을 깊이 헤아릴 줄 아는 눈을 바라서다.

무화과는 꽃이 없이 열매가 맺힌다는 뜻에서 이름이 붙여졌으나 수많은 작은 꽃들이 주머니 속으로 들어가 있어 낌새를 못 챌 뿐이다. 주머니 속에 숨어 있는 꽃은 좀벌을 불러들여 그들만의 사랑 행위를 은밀하게 치른다. 혹여 그들의 모습을 보지 못했다고 하여도 어떠한 찰나의 역사는 이미 이루어지고 난 뒤에 우리는 결과를 보게 된다. 관심 없는 것은 보려고 하지 않고 아집과 우둔으로 찬 사람들을 감쪽같이 속인 결정체가 은화과隱花果인 셈이다. 은화隱花인 것을 모르고 무화無花라고만 여기고 지나친다면 어쩌면 우리는 겉만 핥으며 사는 것인지도 모른다.

사람들은 흔히 자신의 눈에 보이는 것만으로 판단하려는 습성이 있다. 속내를 들여다보려는 수고를 하지 않는다. 그러다 보면 곡해를 하게 되어 본질을 간과하는 우를 범하게 된다. 우리는 자신이 본 것이든 들은 것이든 알고 있는 사실에 대해서만 알 뿐이다. 만물의 생성과 진화, 발전 등에 관한 신비의 극히 일부만 알 뿐인데도 많은 것을 알고 있는 듯이 떠벌리기 일쑤다.

세속에서 보통 이르는 말처럼 강산이 다섯 번 바뀔 동안의 나처럼 무화과 맛을 모르는 일도 있다. 하물며 시공을 초월한 세계의 일을 아는 것은 극히 일부에 지나지 않을 것이다. 그럼에도 나는 남보다 조금 앞서는 것을 내세우며 그것이 진리인 것처럼 떠들었다. 눈이 있어도 보지 못하고 지나온 것들이 오늘따라 그지없게 느껴진다.

졸지에 맛본 열매의 양을 따져보니 오지게 열리는 나무 다섯 그루에서 거둔 정도는 될 것 같다. 지혜의 뜰에 무화과나무를 다섯 그루 심어둔 듯이 든든하다. 아름다움의 대명사와도 같은 클레오파트라의 피부를 감불생심 바라지는 않는다. 다만 아담과 하와가 밝아진 눈으로 자신들의 모습을 제대로 보고 부끄러움을 느꼈듯 나도 참모습을 분별할 수 있게 '속눈'이 맑아지길 희망한다.

(2017. 10.)

미친년, 미친놈

몸에 탈이 나서 병원에 들렀다 오는 길입니다. 천상에 있는 집으로 돌아갈 때 오늘은 시청 앞을 지나 태화로터리 방향으로 가는 길을 택했습니다. 병원에서 시청 쪽으로 수백 미터쯤 일방통행이 이어집니다. 그 길의 막다른 곳까지 가서 멈춰 섰습니다.

실개천이 넓은 강을 만나듯 좁은 길 앞에는 4차선 도로가 펼쳐집니다. 그 4차선 도로의 1차선, 즉 좌회전 차선에 서야 태화로

터리 쪽으로 갈 수 있습니다. 2차선과 3차선의 직진 차선에는 차가 서너 대 정도 멈춰 있었는데 이미 내 차가 1차선으로 넘어갈 수 없는 상황이었습니다. 그만큼 서 있는 곳과 신호와의 거리가 짧았습니다.

공교롭게도 골목길의 맨 앞에 서 있었는데, 뒤를 보니 수백 미터 뒤까지 차들이 줄을 이은 듯합니다. 그중에는 막다른 곳에서 우회전해야 하는 차도 있을 것입니다. 코르크 마개가 꽉 막힌 것처럼 나아가지 못하는 내 차로 인해서 차들이 잇따라 서 있다는 사실에 생각이 미치자 책임감이 들었습니다. 동시에 경적을 앞세운 질타가 쏟아질 것 같은 강박감이 들었습니다.

자신도 모르게 운전대를 톡톡 두드리며 좌우를 살피면서 상황을 보고 있었습니다. 마침내 직좌 신호가 들어오자 대로에 멈춰 서 있던 차들이 서서히 움직이기 시작했습니다. 이때다 싶은 생각에 막 움직이려던 차들 앞으로 끼어들었습니다. 손을 들어 양해를 바라는 손짓을 보내면서 순조롭게 좌회전 차선으로 넘어와 신호가 바뀌기 전에 좌회전하는 데 문제가 없었습니다.

역시, 순발력 있게 잘 치고 들어왔군! 사람들이 이해와 배려심이 많은 걸 보니 그래도 우리나라는 아직 살만하구나, 뒤에 서 있던 차들도 술술 빠져나가가겠지, 하면서 막힘없이 시청 쪽으로 미끄러져 가고 있었습니다. 뒤에서 빵빵빵 거렸지만 나와는 상관없는 일이니까요. 가끔 성질 급한 운전자나 과격한 사람도 있으니까요.

그런데 차가 좀 밀리면서 속도를 줄이자 뒤에서 빵빵거리던 주인공이었을 법한 차가 오른쪽 옆으로 미끄러져 와 횡대를 이뤄 섰습니다. 족제비 사촌 같은 인상을 가진 남자가 운전석 쪽 창문을 내리고 검붉은 얼굴로 말합니다. 나는 그때까지도 상황을 이해할 수 없어 '무슨 일이지?' 하는 표정으로 상체를 기울여 족제비 사촌을 진지하게 바라보며 귀를 기울였습니다. 차창을 내리지 않았으므로 정확하게 다 들리지는 않았지만 "운전을 그따구로… 여편네가… 어디서 눈깔을 똑바로 뜨고 쳐다 봐…" 대강 이런 내용이었던 것 같습니다.

또다시 뒤에서 빵 했습니다. 족제비 사촌의 말을 듣느라 오른쪽을 보며 집중해 있던 바람에 앞의 차들이 바뀐 신호를 따라 저만치 가고 있는 줄 몰랐습니다. 족제비 사촌도 하릴없이 제 앞길로 나아가면서 왼쪽을 힐끗거리며 최대한 나에게 한마디라도 더 하려는 듯 보였습니다.

나는 나대로 앞으로 나아가면서 그제야 무슨 일인지 감이 좀 잡히면서 "저 미친놈의 새끼, 뭐야?" 하는 말이 튀어나왔습니다. 바뀐 신호를 보고 출발하려다 들이미는 차로 인해 진로를 조금 방해받은 것 같은데, 그렇다고 해도 따라오면서까지 행패를 부리는 건 무슨 경우냐는 생각이었습니다. "미친놈, 지가 무슨 경찰이라도 돼냐? 내가 도로교통법을 어긴 것인지는 모르겠지만 지금까지 나도 이런 일 여러 번 당해 봤다. 설사 법을 어겼더라도 지가 왜 지랄이야!"

이상하게도 운전대만 잡으면 자동으로 쌍욕이 튀어나옵니다. 자동차 회사들은 운전자들이 모르는 곳에 특별한 장치를 숨겨놓은 것 같습니다. '욕자동변환기' 같은 것을 말입니다. 어느 해엔가 점잖은 분을 옆자리에 모시고 갈 때 잘못이 없다고 생각하는 상황에서 상대 운전자가 삿대질을 하고 경적을 울리는 바람에 느닷없이 쌍욕이 튀어나와 곤혹스러웠던 적도 있습니다.

분주한 태화로터리를 지나면 강 건너에서 바람에 낭창거리는 대나무들의 합창이 들려오는 듯합니다. 그러나 감상할 겨를도 없이 달리면서 어이가 없다는 생각이 들 때마다 간헐적으로 "미친놈…"을 내뱉었습니다. 생각할수록 아닌 밤중에 홍두깨 같았습니다. 같이 운전하는 처지에 그 정도도 이해 못해 주는 운전자에 대한 야속함, 집요하게 따라오면서 쌍욕을 해대는 저급함. 오늘 재수 옴 붙었다 생각하려고 애썼습니다. 족제비 사촌도 생각날 때마다 나와 마찬가지로 "저 미친년이….''를 연발하지 않았을까 싶습니다. 족제비 사촌 씨의 차는 성능이 썩 좋아 보이진 않았지만 욕자동변환기 성능만큼은 무척 뛰어나 보였으니까요.

그런데 굴화쯤 오니까 생각이 슬슬 바뀌기 시작했습니다. '그래, 뒤의 차들이 꼬리를 물고 있는 것에 대해 신경이 쓰인 나머지 내 입장에서만 행동을 한 것 같군. 손을 들어 양해를 구했으니 끼어들어도 된다고 여겼어. 하지만 좌회진이나 직진 차선에서 출발하려던 입장에서는 밀고 들어오는 내가 막무가내로 보였을 수도 있겠구나. 결국 '나' 중심적인 사고에서 일이 시작되었다고 볼 수도 있겠다.'

관점이 다를 때 빚어지는 상황은 이즈음의 혼란한 정국을 지나오면서 더욱 절감하고 있던 참이지만 뜻밖의 상황에서도 극명하게 다를 수 있다는 것을 새삼 사무치게 느낍니다. 사람들은 자신과 다르게 생각하고 행동하는 것을 이해하려고 하지 않고 일단 미친년, 미친놈 취급을 하고 봅니다. 그런 시각에서 벗어나지 못하는 한 주위에는 온통 미친년, 놈들이 수두룩할 겁니다.

   시간이 흐르면서 족제비 사촌의 얼굴은 지우고 싶지만 '운전 똑바로 해.'라는 메시지는 정황이야 어찌됐든 내가 새겨들어야 하는 대목일 듯합니다. 사물을 한쪽만 보는 이분법적인 사고에서 벗어나 사각지대 없이 두루두루 비추는 '로드뷰'처럼 사방을 살펴야 무탈할 테니까요. 옳고 그름의 판단이 절대적일 수 없다는 것을 깨닫게 되자 그 남자의 입장이 이해가 됩니다.

(2017. 12.)

태움

일의 특성이나 조직에 따라 관행이라는 형태로 지속되는 문화가 있다. 관행은 관례에 따라 오래전부터 해오는 대로 하는 것이라지만 부정적인 의미가 함축된 말도 있다. 어느 경우는 옳지 못하다는 것을 알지만 오랫동안 해오던 것이니 넘겨버리고 말자는 말맛이 풍긴다.

관행의 결과는 긍정적일 때보다 부정적일 때 더 주목을 받거나 파장이 큰 법이다. 결과가 나쁘지 않을 때는 수면 위로 드러나

지 않고 큰 문제없이 흘러가는 것처럼 보이지만 좋지 않은 결과를 맞게 된다면 새삼스러운 일인 양 부각되면서 술렁이게 된다.

지난달 서울의 한 상급종합병원에 근무하는 간호사가 '태움'의 고통을 이기지 못하고 목숨을 끊었다고 한다. 태움은 '영혼이 재가 될 때까지 태운다'는 뜻으로 간호사 사회에서 관행처럼 내려오는 것인데, 선배 간호사가 신입 간호사를 가르치는 과정에서 괴롭힘 등으로 길들이는 규율을 말한다. 명목은 교육이라지만 실상은 과도한 인격 모독인 경우가 많다고 한다. 어느 정도이기에 영혼까지 태워 버린다는 살벌한 의미를 담고 있을까 싶어서 나로서는 짐작하기 어렵다.

그러나 소식을 접하면서 나는 남의 일 같지가 않았다. 이제 4년차로 접어든 딸이 신규 간호사로 일하기 시작하고 나서 겪었던 고통이 되살아났기 때문이다. 지금은 고비를 조금 넘긴 듯 보이지만 한때는 힘들어하는 딸을 안고 마음이 천 가닥이 되는 심정이었다. 어떤 일이든 처음에 시작할 때는 힘들기 마련이지만 태움은 육체적으로 힘든 것을 넘어 정신적으로 사람을 황폐하게 만드는 데 심각성이 있다.

대부분 실제로 겪어보지 않으면 실상을 잘 모르기 마련이다.

되고 싶은 것이 많은 아이들은 어릴 때부터 한두 번쯤 백의의 천사라며 간호사가 되기를 꿈꾸고, 사람들은 나이팅게일의 헌신적인 사랑과 봉사를 주로 말한다. 그 영향인지 나이팅게일식의 호의적인 심상이 사람들에게는 오롯이 새겨져 있는 것 같다. 그러나 나이팅게일이 간호의 역사를 새로 쓸 때 역경을 수없이 뛰어넘으며 전문직으로서의 직업군이 출현하는 데 공을 세웠다는 사실은 지나친다.

어느 직종이나 그렇듯 병원에 취직하기 위해서는 쉬지 않고 담금질을 해야 한다. 입사하기 전까지는 꿈에 부풀어서 힘들어도 종착지를 향해 달린다. 물론 간호대학의 교수들은 학부모에게 '일 시작하고 나서 1년간은 힘들 것이니 부모가 많이 다독거려 주어야 한다.'고 당부했다. 하지만 그때까지만 해도 단순히 처음 무엇을 시작했을 때 적응의 어려움을 말하는 줄 알았다. 그것이라면 누구든 겪어야 하는 것이라고 생각했으므로 큰 걱정을 하지 않았다.

마음 졸이며 서류 전형과 면접 등의 절차를 거쳐 상급종합병원 입사가 결정된 후 신규 간호사들의 안내 교육 중에 '오늘이 자존감을 지키는 마지막 날'이라고 했을 때만 해도 딸은 실감하지 못했다고 한다. 그냥 하는 소리인 줄 알았던 것이다.

  재학 중에 병원으로 실습을 많이 다녔다고는 하지만 대학을 갓 졸업하고 실무현장에 처음 투입되면 실습이 아니라 실전이다. 그동안 배운 것이 소용없을 정도로 현장에서는 다양한 변수가 생겨 숨 막히게 돌아간다. 사람의 생명과 건강을 다루는 현장이기 때문에 긴장과 집중을 요하는 것은 당연하다.

  그러한 상황에서 신입은 신입대로 어떻게 대처할지 몰라 답답하고 애가 탈 것이다. 사수師授인 프리셉터는 자신의 일도 해야 하고, 적응이 필요한 신입에게 1~2개월 간 교육도 해야 한다. 만약 신입이 업무상 실수를 하게 되면 그의 몫까지 대신 책임져야 하므로 작은 실수에도 민감하게 반응하고 엄격해질 수밖에 없다는 것은 이해할 수 있다. 어쩌면 인력이 모자라는 환경에서 태움 문화가 구조적으로 똬리를 틀고 자리 잡았을지도 모른다. 그러나 신입이 프리셉터로부터 독립*을 한 이후에도 행동을 하나하나 지켜보는 곱지 않은 시선을 사방에서 느껴야 하거나 감당하기 어려운 뒷소리를 듣는 것은 쉽지 않을 듯하다.

---

* 독립 : 신입 간호사들이 선배 간호사(프리셉터)로부터 1~2개월 동안의 교육을 마친 후 혼자 일하는 것을 말한다.

세상은 급변하고 있는데, 첨단장비가 그득한 병원에서는 해묵은 서열 문화가 사라지지 않고 약자에게 심각한 상처를 남기고 있다. 이십 초중반의 젊은이들은 경쟁을 뚫고 그 자리까지 가기 위해 분투한 어느 집의 자식들이다. 희망에 차서 새로 내디딘 사회에서 그들은 세상과 치열하게 부딪쳐 보기도 전에 육체와 정신이 만신창이가 되고 마는 것은 아닐까.

　처음에 딸이 근무를 시작하고 나서 기대와 걱정이 섞인 마음으로 소식을 기다렸다. 며칠이 지나도 소식이 없기에 적응을 잘하는 줄 알았다. 그러나 한참 지나고 나서 알게 되었다. 1개월의 적응 교육을 받는 일반 병동과 달리 딸이 근무하는 중환자실의 경우는 프리셉터로부터 2개월 간 교육을 받는다. 일도 일이지만 작은 실수에도 선배들의 뒷말이 난무하는 상황에서는 어느 강심장인들 배겨낼 수 있을까. 근무를 마치고 교대를 위해 인수인계하는 과정에서 인격이 무너지는 모멸감을 감당해내느라 숨죽이며 젊음을 소진하고 있었던 것이다.

　그 사실을 알게 된 후 의료계에 문외한이었던 나의 마음은 만 갈래가 되었다. 수직적인 조직문화라는 점과 동료의식의 부재에서 비롯된 병원문화의 생소함. 무엇보다 당사자의 고통과 아픔을 함께 나눌 수 없다는 사실 때문이었다. 평소 하지 못하던 욕을 허공에 날리면서 죽고 싶다며 훌쩍거리는 딸의 전화를 받는 날은 가슴에 맷돌을 얹은 듯했다. 쉬고 다시 출근을 해야 하는 날에 딸은 '가기 싫다.'고 징징대며 하지 않던 행동을 다했다. 타고 가던 출근 버스가 사고가 났으면 좋겠다고도 했다. 선배들 앞에서 눈총을 받고 한없이 움츠러드는 게 오죽 싫었으면 그랬을까. 일에 서툰 후배들을 도와주지는 못할망정 목소리마저 기어들어가게 만드는 선배들이 엄마로서는 야속할 수밖에 없다.

　병원 군기가 군대 군기만큼 '빡시다'는 말은 들어봤지만 정신적으로 위축되는 행위가 상상 이상으로 포함되는 줄 몰랐다. 새내기들이 넘기에는 악몽의 벽이었을 듯하다. 화장실도 제대로 가지 못하고 끼니도 거르기 일쑤인 것은 참을 수 있지만 태움, 영혼이 재가 되는 것은 치유할 수 없는 상처가 되었으리라.

　일부 인사는 '간호사는 생명을 다루는 직업이라 태움은 필요악'이라고 한다지만 '인간다운' 교육의 부재를 자인하는 것으로밖에 들리지 않는다. 미숙한 사람을 성장시키는 일에는 병원, 선배의 도움이 필요하며 그것이 병원과 사회의 이익뿐만 아니라 환자의 권리인 안전으로까지 이어지는 것이지 않을까. 시집살이를 한 사람이 시집살이를 더 시키는 것은 지성과 과단성이 부족해서라고 본다.

  고리타분한 말이지만 칭찬의 효용을 신입에게도 적용하면 선순환의 문화를 만들지 않을까 싶다. 군대식 문화가 빠른 시간 안에 교육시킬 수 있는 방법이라거나 환자의 안전이 달린 문제라 엄격할 수밖에 없다는 전제는 인정한다. 그러나 이제는 나이팅게일의 진정한 후계자로 거듭나는 길을 함께 가는 동료로서 서로 힘이 되는 관행을 만들어야 하지 않을까.

(2018. 2.)

이불 터는 아줌마

　　　　연자매를 가는 당나귀처럼 살다가 오랜만에 서쪽으로 난 창밖을 내다본다. 찬란한 오월이건만 창에 가득한 아이들의 부연 손자국은 여전히 나를 지나간 계절에 가두고 있는 것만 같다. 밖에는 어느새 껑충한 소나무와 벚나무가 푸르러 가고, 아래로는 꽃이 진 철쭉과 이발한 회양목이 독일 병정같이 줄 서서 여름을 기다리고 있다.

　찬바람만 허허롭던 공간은 젖살이 오른 초목들로 부풀어 있

다. 저마다 생명이 충만한 몸짓으로 나의 침침한 눈길을 사로잡는
다. 때를 놓칠세라 봄 풍경에 취해 잠시 연자매를 잊고 있을 때였
다. 건너다보이는 아파트의 발코니에서 풀럭풀럭 손짓을 한다.
무아지경에 빠져 있던 눈은 연둣빛 사이를 헤치고 움직임을 쫓았
다.

4층 아줌마는 연신 이불을 털고 있다. 흰색 홑이불, 알록달록
한 차렵이불, 줄무늬 깔개까지 몇 차례 들고나며 흔들어댄다. 바
로 아래 3층의 창은 한껏 열린 채 봄바람을 들이고 있는 중이다.
거침없는 이불자락은 봄바람을 따라 3층의 열린 창을 들락거린
다.

경험은 사람을 현명하게도 하고 어리석게도 하는 것 같다. 어
떤 경험을 한 후 그것이 토대가 되어 다음에 비슷한 일을 겪게
될 때 지혜롭게 대처하게도 하지만, 필요 이상으로 과민하게 반응
해 편견을 가질 때도 있기 때문이다. 4층의 아줌마가 이불 터는
것을 보자 멀찌감치 있어도 갑자기 코가 간지럽고 콧물이 날 것만
같다. 먼지에 민감한 반응을 보이는 체질 탓도 있지만 이전에 살
던 아파트의 위층 여자가 생생히 떠오른 탓이다.

윗집 여자는 맑은 날 오전이면 발코니에 나와 이불을 털어댔

다. 한두 장이 아니라 마치 장롱에 있는 이불까지 볕바라기를 시키는 양 쉼 없이 털었다. 거실을 가로지르는 소리가 들려 이제는 끝이겠지 하고 마음을 놓을라치면 거듭하여 다시 걸어 나와 털어 댔다.

살랑이는 맞바람을 들이고 있던 어느 해 초여름의 일요일 오전을 잊을 수 없다. 감미로운 선율로 휴일의 여유를 즐기는 집안은 평화롭기만 했다. 그때 느닷없이 펄럭거리는 소리에 놀라 황급히 창을 닫는 것으로 대응했다. 어쩌다 한 번일 거야, 사람 사는 게 다 그렇지 뭐. 애써 넘기고 난 며칠 뒤부터는 사흘거리로 집 먼지 세례를 퍼부어댔다. 아마도 그 아파트로 이사를 하고 나서 처음으로 맞닥뜨린 황당한 기억일 듯싶다.

어느 날은 이웃이라는 이유만으로 도무지 참고 있을 수 없어 아랫집이 겪는 애로를 전하는 메모를 들고 올라갔다. 감정싸움으로 번질 것을 막기 위해 최소한의 예의로써 견제하자는 의도였다. 그러나 아무런 소식도 없더니 며칠이 지나 또 이불은 여지없이 내려와 열린 창의 반을 덮고 춤추다 올라갔다.

오호라, 한번 해보자는 거로군. 나는 결전의 날이 다가옴을 직감하고 최후통첩을 보냈다. 우리의 입장에서 겪어야 하는 불편을 재차 알리는 메모를 들고 올라가 현관문에 붙였다. 결사응전을 다짐하며 전의에 불타 있던 여러 날 후, 경비실을 거쳐 위층 여자로부터 인터폰이 걸려왔다. 말이 결사응전이지 미안하다는 말로 꼬리를 내리면 당장 무너질 허술하기 짝이 없는 태세였었다. 그런데 위층 여자, 하는 말 좀 보소. "사람이 살면서 이불을 털지 않고 어떻게 살아요? 그 집은 안 터나요?"

이쯤 되자 위층 여자와는 말로 통하지 않을 것 같고 장기전에 돌입할 수밖에 없겠다는 감이 왔다. 예상대로 발코니의 무개념 쇼는 주기적으로 계속되었다. 그때마다 조건반사처럼 쏜살같이 달려가 짐짓 창을 쾅 소리 나게 닫기도 하고, 때로는 마스크로 무장한 채 성을 지키는 병사처럼 열린 창가에 서서 길게 내려와 악마의 손짓을 하는 이불을 확 당겨버릴까 하고 버티기도 했다. 이도 저도 결국은 나의 손해라는 것을 받아들여야 할 즈음 관리실에 최종적으로 고충을 호소했다. 그렇지만 '법적인 조치'를 취할 수 없다는 답변만 받았다.

이웃도 나의 복이려니 체념하고 얼마간 살다가 이사를 했다. 그리고 서너 해가 지났을까. 어느 정도 친분이 있는 점잖은 분이 새로 이사를 왔었는데, 그분이 어쩐 일로 전화를 했다. 고민이 있는데 어디다 털어놓아야 할지 몰라서 연락했다고 한다. "윗집 여자가 이불을 자꾸 터는데, 예전에도 그랬어요? 이걸 어떻게 해야 하죠? 화가 나서 못살겠어요."

　참고 참다 창밖으로 윗집을 노려보며 소리를 냅다 지를 수밖에 없었다고 한다. 그 장면이 선명히 그려지면서 나는 왠지 하자 있는 집을 팔고 온 것은 아닐까 싶어서 미안해졌다. "웬걸요…. 예전에도 그랬어요…." 그분과 나는 동지를 만난 듯 먼지털이범에 대해 한참 성토하는 것으로 하릴없이 마무리 지었다.

　세월 따라 삶의 모습이 바뀌면서 사람들의 마음도 팍팍해져만 가는 것을 느낀다. 넓은 마당에 장대를 올리고 널어놓은 이불을 지겟작대기로 턴들 누가 뭐라고 할 것이 있겠는가. 살아가는 방식은 인간의 행동양식에 직접적인 영향을 미친다. 새삼 깨닫자 그녀의 행동도 불가피한 측면이 있겠다는 생각이 들어 이해를 못할 일은 아닌 듯하다. 어쩌면 가슴에 응어리진 울분을 털어버리고 싶어서 애꿎은 이불을 털어댔던 것은 아니었을까 싶기도 하다.

　그렇지만 한편으로는 너 나 할 것 없이 다른 사람으로 인해 자신이 피해를 입는 걸 참지 않는 모양새는 여전하다. 예전 살이 방식과 달리 대부분 아파트에 둥지를 틀고 사는 현실에서는 작은

행동도 이웃의 감정을 자극하기 쉽다. 이웃 간에 겪는 흔한 갈등이 층간소음이겠지만 자신의 청결을 위해 타인의 쾌적할 권리를 빼앗는 일도 그에 못지않다. 남이야 어떻게 되든 자신만 좋으면 된다는 이기利己의 지존至尊은 되지 않으려고 나는 오늘도 소심하게 집 안에서 테이프를 말아 먼지를 뗀다.

　이 푸른 계절에 동쪽 발코니에서 춤추고 있는 4층 아줌마는 복이 넘쳐 보인다. 성자를 닮은 이웃을 만났거나, 배째라 하는 강심장을 지녔거나, 그렇지 않다면 아래층의 여인이 공교롭게도 봄바람을 맞으면서 낮잠을 달게 자고 있는 중이거나. 어쨌거나 연자매를 잠시 내려놓고라도 초록 풀밭을 한달음에 달려가고 싶다. 풀럭거리는 이불자락을 잡아당기고 싶어지는 돌개바람 같은 이 심보를 어떻게 잠재울까.

(2018. 5.)

3부　　　　다만 부러울 뿐이에요

감정노동 | 혼밥 | 부러운 사진 한 장 | 사회적 알람 | 배달의 민족 | 버팀목 | 먹방 | 조작의 시대 | 은감불원殷鑑不遠

감정노동

　인공지능이 인류를 지배할 것이라는 요즘 세상을 따라가자면 갖추어야 할 능력이 한두 가지가 아니다. 그 중심에는 컴퓨터를 기반으로 하는 기기를 다룰 줄 아는 능력이 아닐까 한다. 스마트폰, 테블릿, 데스크톱 등 내가 주로 사용하는 기기들은 세상과 연결해 주기도 하지만 때로는 나를 바보로 만들기도 한다.
　공인인증서 사용 기간이 만료되어 갱신했다. 주로 스마트 뱅킹을 이용하지만 가끔은 PC에서도 뱅킹 업무를 볼 때가 있어 스마트폰에서 PC로 인증서를 복사해 두려고 했다. 갱신하고서 바로 복사를 '방법'대로 진행했지만 '인증번호를 입력하세요.'라는 메시지가 반복하여 떴다. 기계가 말을 듣지 않아 슬슬 약이 올랐다. 그동안 해왔던 대로 올바르게 입력을 했는데 무엇이 문제란 말일까. 컴퓨터 또는 프로그램의 일시적 오류이러니 생각하고 당장 급한 것은 아니므로 다음에 하기로 하고 씨름을 접었다.

일주일이 지나 재시도를 해도 여전히 같은 결과가 반복되었다. 여러 차례 거듭해 본 후 고객센터에 전화를 걸었더니 상담원은 나에게 처음부터 하나하나 절차를 다시 밟도록 했다. 기초적인 것조차 모르는 촌 할매로 생각하는 것 같아 자존심이 좀 구겨졌다. 나는 다만 인증번호를 입력해도 자꾸만 '인증번호를 입력하라.'는 컴퓨터와 소통이 되지 않아 약이 오른 것 아닌가. 상담원이 알려준 방법은 내가 그동안 씨름한 방법과 같았다. 12자리의 인증번호 000-000-000-000을 입력해도 해결되지 않자 첫 번째 상담원은 이 문제를 전문부서로 넘겼다.

두 번째 상담원도 첫 번째 상담원과 마찬가지로 처음부터 같은 절차를 밟게 했다. 두 번째 상담원의 해결방법도 내가 했던 방법이나 첫 번째 상담원이 했던 방법과 다르지 않았다. 여전히 스마트폰에서는 세 자리 숫자의 인증번호가 반복해서 생성되었다. 거부당하면서도 같은 행위를 반복하는 일은 여간 인내심을 요구하는 게 아니다. 더구나 점점 눈과 손이 버벅대기 일쑤인데, 특히 전자기기 앞에서 손은 남의 손인 것처럼 마음과 따로 놀기까지 하니 찌증*이 목을 넘었다.

눈으로 직접 보면서 해결하는 것이 아니고 유선으로 문제를 풀어야 하는 사람들에게는 남모를 어려움이 있는 것 같다. 고객이라는 아지매가 슬슬 불평을 섞어 말하는 기색이 보이자 상담원은 어린아이에게 왼발, 오른발 하면서 걸음마를 가르쳐 주듯이 한 발 한 발 딛게 했다. 폰의 '설정'에서 '은행 앱'을 '삭제'하고, 다시 '은행 앱'을 '설치'한 후 먼젓번과 같은 과정을 밟았다. 몇 차례를 같은 방법으로, 전화상으로 해결하려니 맹인이 맹인을 안내하는 것만큼 답답한 노릇이 아닐 수 없었다.

고객에게 생긴 불편한 문제를 해결해 주기 위해 상담원은 참을성 있게 응대했다. 반복해서 같은 오류가 뜨자 상담원은 잠시 기다리라는 말을 남기고 떠났다가 다시 등장했다. 동료에게 조언을 구하고 돌아온 듯했다. "폰의 글씨 크기가 커도 이런 문제가

---

* 찌증: 마음에 꼭 맞지 아니하여 벌컥 역정을 내는 짓. 또는 그런 성미.

생긴다고 합니다. 고객님, 글씨 크기를 혹시 크게 해놓지 않으셨나요?"

업무상 전화를 자주 들여다봐야 하는데 갈수록 침침해지는 눈 때문에 글씨를 최대한 크게 해놓고 쓰는 중이었다. '설정'에 들어가 글씨 크기를 좀 작게 했더니 인증번호가 0000-0000-0000-0000로 또렷하게 16자리가 뜨는 것이 아닌가! 한 시간 가까이 3자리씩 뜨는 인증번호 때문에 발목 잡혀 있던 참이라 가난한 술꾼의 얼굴이 되어 가던 중이었다. 그런데 어이없게 문제가 해결되자 낯이 더욱 붉어졌다. 해결하는 과정에서 원인을 재빠르게 밝혀내지 못하는 상담원을 남몰래 탓한 것 같아 고개를 거듭 숙여가며 고마워했다.

이느 결에 세상의 빠른 속도가 두려운 사람이 되었다. 눈이 침침해지자 귀도 따라 게을러지고 손도 둔해진다. 은행 업무는 최소한 필요한 만큼만 겨우 스마트 뱅킹으로 처리하고 사는 처지다. 일 년에 한 번씩 인증서 갱신하는 일조차 원활히 되지 않는 것이 은행의 프로그램 탓, 아니면 기기의 문제라고만 여기고 나에게 문제가 있으리라고는 생각하지 못했다.

상담원은 닥친 문제를 해결해 나가노라면 별의별 곤혹스러운

다만 부러울 뿐이에요

고객을 상대해야 할 것이다. 교육으로 무장한 직업인이라지만 사람이다 보니 인간으로서의 감정이 없을 수 없다. 그런데도 '고객'이라는 갑에게 찍히지 않으려고, 또 다른 갑인 상사나 회사에 잘리지 않으려고 보이지 않는 곳에서 몸부림치는 고충이 이만저만이 아닐 듯하다.

감정노동을 하는 업종이 따로 구분되어 있다고는 하지만 사실 명확히 구분되는 것은 아니지 않은가. 무슨 일이든 사람이 하는 일이고 보면 감정 없이 할 수 있는 일은 거의 없을지도 모른다. 그런데도 굳이 구분하여 그들의 고충을 이야기하는 데는 갑과 을의 관계가 깔려 있기 때문이 아닐까 싶다. 누구든지 갑일 때도 있고 을일 때도 있지만 사람의 심리는 묘하게도 갑과 을을 귀신같이 가린다. 희한하게도 갑과 을 중 어느 자리에 있는가에 따라 태도가 돌변한다. 을의 위치가 되면 비굴할 정도로 저자세가 된다. 아니, 되어야 한다. 우리 사회 전반에 관습처럼 굳어져 버려 쉽사리 걷히지 않을 '갑을 문화' 속에서 사는 일은 줄타기처럼 위태롭기 때문이다.

따지고 보면 나도 감정노동을 하는 사람으로서 상담원과 한 끗 차이인데도 은연중에 갑의 위치에서 접근을 했던 것을 부인할 수 없다. 사람들은 '나'와 '그'로 나뉘면 신속하게 '그'에 대한 무시 모드를 만들어내는 경향이 있다. '나'에 대해서는 개별성과 개인의 우월을 고려하지만 '그'에 대해서는 단순히 '그'로 치부한다. 그만큼 사람들은 누군가와 나의 처지가 다르다는 구분을 발견한 순간 고정관념을 만들어내는 명수가 된다. 적대적이고 부당한 편견을 갑옷처럼 단단히 두르게 하는 갑을 문화는 갑에게는 우월감을 가지게 하지만 을에게는 벗어나고 싶은 굴레일 뿐이다.

가끔은 상담원이 연결되기 전에 나오는 멘트가 색달라서 인상적인 경우도 있다. 아이의 맑은 목소리가 "세상에서 가장 예쁜 우리 엄마가 전화를 받을 거예요. 잠깐만 기다리세요."라든가, 애정이 가득한 목소리로 "사랑하는 제 아내가 고객님의 전화를 받을 것입니다. 잠시만 기다려주세요." 하면서 상담원도 사랑스러운 아이와 남편이 있는 '사람'이라는 것을 감정에 호소하는 발상이 참신하다. 그러나 이런 방법까지 동원할 정도로 갑질하는 진상고객들 때문에 감정을 단련해야 하는 직업군의 애환이 한편으로는 눈물겹기도 하다.

앞으로는 고객센터에 전화를 걸 때 엄마의 마음으로 접근해보려고 한다. "눈에 넣어도 아프지 않을 우리 딸이 전화를 받을 거예요. 고운 말을 부탁합니다."와 같은 통화연결음을 떠올린다면 갑질은 쉽게 하지 않을 것 같긴 하다.

(2018. 6)

혼밥

얼마 전에 대통령이 중국에 가서 '혼밥'을 하고 왔다고 도마 위에 오른 일이 있다. 한 나라의 정상이 다른 나라를 방문한 일정 동안 대부분의 식사를 그 나라 정상이나 주요 인사들과 하지 못하고 우리 측 수행원들과 조촐하게 했다는 데서 나온 말이다. 즉 남의 나라에 가서 푸대접을 받고 왔다는 정적들의 조소였을 것이다. 하지만 이 경우에는 영부인이나 최소한의 수행원과 함께 하는 식사였으니 액면 그대로의 '혼자'는 아니었다. 그런데도 혼밥 논란이 일었던 데에는 '혼자'에 외형적인 의미 외에도 함축적인 의미가 있지 않을까.

우리의 식문화를 들여다보면 차린 건 없지만 두리반을 가운데 놓고 여럿이 둘러앉아 서로의 기운과 대화를 찬 삼아 먹는 과정을 즐겼다. 요즘에 와서 덜어 먹지 않는 우리의 찌개 문화가 청결에 문제가 있다고 하지만 밥도 양푼에 푸짐하게 담고, 찌개도 한 뚝배기에 담아 먹어야 제맛이라고 느끼는 것은 우리만의 정서다. 그 과정에서 숟가락끼리 서로 부딪치기도 하고, 귀하던 음식이 줄어들 때 조금이라도 더 먹으려고 조바심을 내던 것조차 두리반에서 한데 어우러져 먹는 매력으로 꼽을 수 있다.

함께 먹는 즐거움을 빼놓을 수 없어서 그랬을까. 아버지는 혼자 사는 '양 씨 아저씨'를 끼니때 종종 오시게 해서 함께 드시곤 했다. 양 씨 아저씨는 골방에서 혼자 술을 마시고, 혼자 밥을 먹고, 혼자 담배를 태웠다. 양 씨 아저씨야말로 요즘 시각으로 보면 '혼밥족'이었는데, 그의 '혼자'는 자의가 아니라 피치 못할 사정이 있는 타의에 의한 혼밥이라고 볼 수 있을 것 같다.

그나마 그때는 처지를 헤아려 함께하려는 이웃이 있었기에 혼자 처량히 끼니를 때우는 신세를 면할 수 있었다. 옛사람들은 자신이 혼자 밥을 먹는 것도 견디지 못했지만 타인이 혼자 밥을 먹는 것도 측은하게 여겼다. 그뿐 아니라 혼자 밥을 먹는 상황에 처한 사람을 성격에 문제가 있는 것쯤으로 보았던 것은 아닐까 싶다.

문화는 그 시대의 자화상이다. 좋은 것이든 좋지 않은 것이든 사람의 행위들이 모여 유행을 만들고, 유행은 흐르면서 하나의 행동 양식으로 굳어져 새로운 문화를 낳는다. 뿐만 아니라 그 행간에서 이루어지는 정신적인 소산까지 두루 아우르는 산물이며 어느 한 시기를 대변한다.

시대의 변화에 따라 언제부터인가 우리 사회에서 혼밥, 혼술이라는 말이 자연스러워졌다. 더 이상 혼자 밥 먹고 혼자 술 마시는 것을 처량하다고 여기지 않는다. 물론 소극적 자의와 타의에 의한 혼자도 있겠지만 적극적 자의와 타의에 의한 1인 생활 방식이 널리 퍼진 연유에서다.

나 또한 적극적인 자의에 의한 혼밥족에 속한다. 그래서 혼밥하는 것이 일상이고, 바쁜 살이 속에서 혼자 밥 먹는 것을 처량하다고 생각할 겨를이 없다. 먹는 시간이나 메뉴를 자신에게만 맞추면 되니 더없이 간편하다. 그렇지만 나처럼 먹는 행위를 단지 편리성에만 초점을 맞춘다면 사회는 점점 더 모래알 같은 개인들로 가득한 공간이 되어 가지 않을까.

예전에는 혼자서 식당에 가는 것도 꺼려졌고, 막상 주문을 하게 된다 하더라도 식당 주인의 눈치를 봤다는 말을 꽤 들었다. 혼자 먹어야 하는 상황을 피하고자 함께 먹어줄 누군가를 불러내는 것도 곤욕 중에 하나였다. 혼자 단출하게 여행을 떠나도 먹는 일이 큰 애로였다. 그러나 지금은 음식점에 1인용 자리도 있고, 주문할 때 혼자라고 고민을 하지 않아도 된다. 혼자서도 당당하게 음식을 주문하고, 식사 시간을 오로지 식사만을 위한 시간이 아닌 식사와 일을 겸하는 기회로 삼기도 한다. 이제 혼밥은 현대인의 몸에 맞는 옷처럼 되었다.

이러한 혼밥 물결 속에서도 변하지 않는 것은 밥은 역시 같이 먹어야 맛이라는 점이다. 개개인의 사정과 시대색에 따라 어쩔 수 없이 혼밥을 해야 하지만 가끔 다른 사람과 함께하는 식사시간은 보배와 같다. 특히 차린 음식의 모양이나 맛, 그리고 소소한 집안 이야기 등을 서로 주고받으면서 먹을 때면 배는 더욱 부르다. 자리조차 온기가 느껴지고 향기가 난다.

그래서 아버지는 추운 겨울날 새끼에 꿰어진 호메이고기*를

화로에 구워 소주 한 잔을 마실 때조차도 혼자 마시는 법 없이 양 씨 아저씨를 부르는 심부름을 시켰나 보다. 여름비가 추적거리며 장마에 접어드는 기미를 보여도 아버지는 애호박과 매운 고추를 썰어 넣은 감자전을 부쳐 양 씨 아저씨를 불러 함께 드셨다. 소박한 산골 살림을 꾸리는 틈틈이 진정 함께 먹는 즐거움을 누리신 듯하다.

범부凡夫는 둘이서도 부침개 한 장과 구운 고기 한 절을 놓고 그득한 차림을 평화로이 즐길 수 있지만 국가를 대표하는 위치에 서면 번번이 입방아에 오르지나 않을까 하고 염려해야 한다. 외양으로는 결코 혼자가 아니었지만 혼밥을 했다는 조롱을 받는 것도 새겨들어야 할 줄로 안다. 자리가 오르면 오르는 만큼 감당해야 하는 무게도 늘어나고, 누구와 한자리에서 조찬 또는 오찬을 했는지도 국격을 가름하는 일이기에 소홀히 할 수만은 없는 문제이지 않겠는가.

고작 혼밥을 한 것이 복잡한 정국 가운데 무슨 죽고 사는 문제일까. 지도자도 사람이라 개인적으로 이국정취를 느끼고 싶어 대

---

* 호메이고기 : 일명 양미리라는 고기를 경상도 안동지방에서는 호메이고기라고 한다. 새끼줄에 꼬아 놓은 양미리가 호미처럼 굽었다고 해서 호미고기라고 하다가 부르기 쉽게 호메이고기로 바뀌었다.

중에 섞여 먹었노라고 항변할 수도 있다. 그러나 품은 속사정이 어찌됐든 모양새가 빠지는 것만은 분명해 보인다.

(2018. 6.)

부러운 사진 한 장

사십 도를 육박하던 더위는 말복과 칠석 언저리가 되자 사모하던 마음이 식어버린 여인의 뒷모습처럼 서늘해졌다. 돌아서 가는 여인을 보고도 믿기지 않듯이 한순간에 살만해지니 거짓말 같다.

절기가 바뀌어 불볕에서 벗어난 것을 다들 반기겠지만 더욱 반가워할 이들을 생각하니 다행이다 싶으면서 한편으로는 클클하다˚. 옥중에 있는 전 지도자들의 근황이 간간이 들리던데 정치판의 인심이 퍽 야박하다. 근 팔십에 지병까지 있는 몸으로 꼭대기 방에서 선풍기와 얼음물 한두 병으로 견디다 결국 병원에 실려 갔다고 한다.

혹자는 죄를 지었으니 죗값을 치르는 게 당연하다고 할지 모른다. 물론 누구나 죄를 지으면 적법한 절차에 의해 처벌을 받는 것이 마땅하다. 하지만 인지상정이라는 것이 있고 인권이라는 것도 있다. 어찌 모든 사람에게 적용되는 권리가 그들에게만 예외일 수 있는가. 털어서 먼지가 나지 않는 사람이 있을까. 이미 권좌에서 물러난 사람을 대하는 것을 보니 나라의 품격이 고작 이 정도였단 말인가. 법보다 권력이 앞서는 논리 구조를 보면서 씁쓸함을 지울 수 없다.

얼마 전 신문 1면에 대문짝만 하게 실렸던 사진 한 장이 잊히지 않는다. 미국의 전직 대통령들과 영부인들이 활짝 웃으며 어깨동무를 하고 있는 모습을 보면서 참으로 부러웠다. 바버라 부시 여사의 장례식에 참석하기 위해 한자리에 모였던가 보다. 아내를 보내는 조지 HW 부시(41대)는 가운데에서 중심을 잡고 그 뒤로 조지 W 부시(43대) 부부와 빌 클린턴(42대) 부부, 그리고 버락

---

* 클클하다 : 마음이 시원스럽게 트이지 못하고 좀 답답하거나 궁금한 생각이 있다.

오바마(44대) 부부와 멜라니아 트럼프(45대)가 당당하게 서 있다. 보는 것만으로도 훈훈하다. 남의 나라 전직 대통령들인데도 든든하여 손을 내밀고 싶다. 노련한 정치가들의 연출이라고 할지라도 우리는 왜 이 같은 명장면을 연출하지 못하는 것일까. 그들이라고 잘하기만 했을까.

사람은 실수나 잘못을 줄이려고 노력하는 가운데 발전해 나가는 것인지도 모른다. 물론 지도자는 기본적인 덕목을 갖추고 국익을 위해 정책을 잘 수행해야 하고 국민들이 바라는 기대치에 부응하기 위해 노력해야 한다. 하지만 그들도 사람이라 의도하지 않게 과오는 있을 수 있다. 그럼에도 우리의 일천한 현대사를 비춰보면 결과론적으로 정적들에 의해 궁지로 몰리는 경우가 잦아 있다. 과오 없는 지도자는 없다. 그렇다면 공칠과삼功七過三의 저울로써 애쓰고 물러나는 전직에 대한 최소한의 예우를 해 주는 것이야말로 훗날 자신이 대접받는 일일 것이다.

좋은 것보다는 좋지 않은 습관이 오래가는 법이다. 잘못을 알고 바로잡으려고 해도 쉽게 고쳐지지 않고 고쳐지기까지 오래 걸린다. 지금 벌어지고 있는 비열한 정치 싸움은 과거를 과감히 청산하지 못하는 데서 오는 과거지향적인 사고에서 벗어나지 못하고 있다는 단적인 증거다. 고리를 끊을 때도 됐는데 어찌 된 일인지 붕당의 폐해가 극에 달하던 시점으로 회귀하려는 것 같아 걱정이다. 뿐만 아니라 체제와 주류를 바꾸려는 시도도 엿보여 상황이 간단하지만은 않은 것 같다.

앵무새처럼 유구한 반만년을 자랑하겠지만 자유민주의 역사는 짧고, 반목과 갈등의 역사는 뿌리 깊다. 아마도 조선 중기에 시작된 붕당의 DNA가 오랜 세월을 거쳐 지금에 이른 것은 아닐까 한다. 처음에는 견제와 균형의 순기능을 담당했지만 차츰 상대를 치지 않으면 칼날이 나를 향한다는 것을 알기에 살벌한 생존의 게임으로 바뀌었으리라.

광해군이 내쫓겨 이리저리 끌려다니다 유배지에서 삶을 마감한 일이나 사도세자가 윤오월 볕 아래에서 뒤주에 갇힌 채 젊은 생을 마칠 수밖에 없었던 일도 권력의 희생양이 된 비극이다. 역사는 해석을 하기 나름이라지만 광해군을 두고도 당시와 현대의 평가는 다르다. 광해군이 비극을 맞게 되는 씨앗도 따지고 보면 그 당시 왕으로서의 과오였다기보다 사대파의 구실에 의한 것이었다고 해석하기도 한다.

현재와 미래를 보고 달려가야 하는 사명을 잊고 전전 지도자까지 샅샅이 뒤지며 과거로 달리는 이즈음, 국민의 한 사람으로서 고장 난 기관차의 폭주가 불안하기만 하다. 당장 국내외의 현안들을 풀기에도 우리에게 주어진 과제가 많은데 곳곳에는 수갑 채워진 사람들로 넘치니 수레바퀴가 제대로 굴러갈 수 있을지 모르겠다.

우리는 과연 생존해 있는 전 지도자들이 서로의 어깨에 손을 얹고 환하게 웃는 모습을 볼 수 있을까. 사진 한 장은 미국이 어떤 나라인지 상징적으로 보여주었다. 그들은 모두 결함도 지니고 있었고 지지자와 반대자도 명확히 갈리는 지도자들이다. 그럼에도 정파를 떠나 손잡을 수 있는 정치적인 성숙이 마냥 부러운 것이다.

혹독한 시기를 보내면서도 "정치적인 보복은 나에게서 끝났으면 좋겠다."라는 전 지도자가 한 말의 무게를 결코 가볍게 여겨서는 곤란하다. 그것이 바로 악습의 고리를 끊어야 한다는 역사적 사명이지 않을까. 폭주하는 기관차를 세우고, 서로서로 어깨를 겯고 나아가려면 앞선 사람들의 후광도 필요하다. 어버이 없는 자식이 없듯이 나라의 기틀은 어느 한순간에 생겨난 것이 아니기 때문이다.

한 시대에 대한 평은 사람이나 시간의 흐름에 따라 다르다. 결국 사람에 의해 평가가 이루어지는 것이라 세월이 흘러도 일치된 결론에 이르는 것은 어려울 것이다. 그렇기 때문에 공과를 가를 때 사람이나 시간에 변질되지 않을 객관적 잣대가 필요한 것이 아닐까 한다. 어찌됐든 시간이 지나면 진실은 모습을 드러낼 것이다.

(2018. 8)

사회적 알람

타는 냄새에 아차 싶어서 주방으로 달려갔다. 열이 바싹 오른 냄비의 속은 새까맣다. 고구마를 찌기 위해 열을 가해 놓고는 다른 일에 몰두하다 잊고 말았다. 점차 나를 믿지 못해서 알람을 주로 맞춰 놓지만 오늘은 그 과정을 빠뜨려 이 사단이 났다. 그렇지만 냄비를 태우는 일쯤은 최근 들어 가끔 저지르는 일이라 크게 놀랄 일도 아니다.

이제는 알람을 빼놓고는 내 삶을 제대로 영위하기 어려울 지경이다. 잠자리에서 일어나는 일이나 약속 시간에 늦지 않기 위해서나, 음식을 조리하는 시간 등 나를 둘러싼 모든 시간이라는 개념 속에는 알람이 단짝처럼 존재한다. 감각 능력이 퇴화되어 가는 시점에 충실한 비서로서 나의 스물네 시간을 관리해주는 셈이다. 분 단위로 때론 초 단위로 꿰어 하루를 채우고 한 주를 보내고 한 달이 간다. 그러다 불현듯 뒤돌아보니 한해가 나이에 얹혀 무게를 더한다.

 오늘은 일요일, 푸른 하늘 가운데 기다란 흰 구름이 바닷속의 향유고래처럼 느리게 지나간다. 나에게 휴일은 마음과 육신을 다 내려놓을 수 있는 날이다. 일요일만큼은 여유로워 보이는 구름처럼 평소의 초 단위로 재는 듯한 속박에서 벗어나 자유롭고 싶은데 오늘도 예외 없이 알람소리에 이불 속에서 빠져나왔다. 무의식에서 의식으로 돌아와 있었지만 내 몸의 리듬보다 알람의 정확성에 더 기댄 행동으로 하루를 연다.

 나뿐만 아니라 현대를 살아가는 사람들이라면 알람에서 놓여날 수 있는 사람은 없을지도 모른다. 연령이나 처한 상황 등에 따라 조금 차이는 있을지라도 세상이 요구하는 알람도 있는 법이다. 나는 이제 치열한 중심에서 약간 비껴나 있어 사회적 알람보다도 소소한 개인적 알람에 비중이 더 실린다. 하지만 요즘 젊은이들에게는 사회적 알람이 크게 울려대 중심 잡기가 쉽지 않아 보인다.

내가 아는 한 젊은이는 몇 해 전에 군 제대 후 학교에 돌아가는 대신 취업을 염두에 두고 대안학교에서 기능을 착실히 익혔다. 경제 불황과 실업이 화두인 이즈음이라 근황이 궁금하던 차에 연락이 닿았다. 시대성과 안전 및 안정을 염려하는 주변의 알람에 떠밀려 다른 공부를 준비 중이라고 한다. 이십 대 후반인 이 청년에게 밀려들었을 법한 경고음을 듣지 않아도 알 것만 같다.

불확실성은 조금 안고 있었지만 젊은이가 대안학교를 선택해서 정진한 것은 스스로의 알람 소리를 듣고 움직였을 거라 짐작한다. 그렇지만 세상의 경고음은 여기저기에서 번뜩이며 이 청년이 스스로 중심 잡을 여유를 주지 않은 것은 아닐까 싶다. 젊기 때문에 자신만의 원초적 감각에서 발현된 소리를 따라 매진해보는 것도 가슴 떨리는 일일 것 같은데, 사방에서 울려대는 경보도 만만치 않았나 보다. 미처 중심을 잡기도 전에 밀어닥친 경보음을 무시한 채 나아가기에는 본인의 뿌리가 허약했던 것은 아니었나 싶기도 하다.

사회적 알람에 의해 살아가는 사람을 애써 멀리에서 찾지 않아도 우리 집에도 있다. 아들이 취준생이다. '스물다섯, 지금은 취업을 준비할 때'라며 누군가가 맞춰준 알람인지 명확하지 않다. 군 제대를 하고 나서, 복학을 했고, 한 발짝씩 다가오는 막연한 장래에 대해 또래와 같은 고민을 속으로 삼킬 때 들려오는 사회적 알람을 감지했을 듯하다. 미처 영글기도 전에 단련의 과정을 생략하고 적자생존의 울타리 안으로 내던져졌다.

    이러한 접근 방식은 '꿈은 경제적인 문제를 해결해 나가는 과정에서 찾아야 한다.'는 말과 상통하는 면이 있긴 하다. 시작은 타의의 알람에 의한 것이었을지라도 좌충우돌하면서 자신만의 리듬을 찾아 정립해 나갈 수도 있을 테니까. 얼떨결에 휴학을 한 후 취업공부를 시작한 지 얼마 되지 않았을 때와 사계절을 보낸 지금의 아들 마음가짐은 달라 보인다. 서서히 사회의 방식에 자신을 맞추어나가는 유연성도 생긴 듯하다. 변화가 반가우면서도 한편으로는 비슷한 모양의 틀 속에서 찍어내는 듯해 그지없이 안타깝기도 하다.

    새로운 공부를 앞두고 있는 청년과 취업 준비에 박차를 가하는 아들과 수많은 이 땅의 취준생들이 사회적 알람에 내쫓기듯 무작정 달리는 희생양은 되지 않기를 소망한다. 자의식 없이 출발을 했더라도 자신의 내면에서 터지는 울림으로 가득 차서 우뚝 서기를. 아무런 협의도 없이 사회가 정해 놓은 알람은 과감히 끄고, 스스로의 운명 알람을 켜고 당당해지기를 빈다. 나도 어쩔 수 없는 주변인으로서 헤아려 보지 않고 그들에게 알람을 울려대고 있는 것은 아닌지 모르겠다.

자신을 중심으로 하여 박자를 맞추기 어려운 세상이다. 수많은 조건을 들이대며 요구하는 대로 반응을 하며 살아야 낙오되지 않기 때문이다. 세상의 요구에 부합하지 않고 자신의 생각대로만 살아간다면 하루도 아마 견뎌내지 못할지 모른다. 그럼에도 외부에서 울려오는 소리보다 자신에게 맞는 각자의 박자로 세상을 살아가야 할 이유는 충분하다. 삶의 주체는 자신이므로.

알람 없이 일어나고 싶은 시간에 눈이 떠지고, 요리가 완성되기를 한자리에서 지켜볼 수 있게 되는 날에는 나도 나의 성실한 비서를 눈 딱 감고 해고하고 싶다. 사회적 알람처럼 강박적인 울림은 아니지만 인위적인 수레에 쫓기기보다 온몸으로 자연적인 리듬을 느끼고 싶어서다. 전쟁을 치르는 듯한 이태백*들이 보기에는 배부른 소리 같아서 더 이상 사욕을 논하지 말아야겠다.

(2018. 10.)

---

* 이태백 : 이십 대의 태반이 백수라는 뜻으로, 심각한 취업난으로 이십 대의 절반 이상이 직장을 얻지 못함을 이르는 말.

배달의 민족

별과 구름이 노니는 산허리에 사는 어느 부부께서 화학 비료와 농약을 쓰지 않고 감 농사를 지었다. 후한 인심 덕으로 우연히 몇 개를 얻어먹었는데 맛이 남달랐다. 맑은 산바람과 따사로운 햇살이 스며들어 단물 가득한 그 맛을 잊지 못하여 자랑삼아 이웃에 말을 했더니 팔 감이 있는지 알아봐 달라고 했다. "충청도 사람들은 단감을 억수로 좋아하는 갑데."라는 말을 앞세우며 단감을 좋아하는 충청도 시누이에게 보내고 싶다 한다. 연락을 넣었더니 마침 단감, 참감, 대봉이 약간씩 있다는 답이 왔다.

이웃의 말을 듣고 보니 그 말이 틀린 말은 아닌 듯했다. 나도 단감을 구경 못하고 자란 충청도 사람이어서인지 한풀이하는 것처럼 상자째로 주문해 먹을 만큼 좋아한다. 그렇지만 나는 타지에 보내는 것까지에는 생각이 미치지 못했는데 이웃이 시누이에게 감을 보낸다는 말을 듣자 좋은 생각이다 싶었다. 맛난 것을 혼자 먹자니 형제들이 밟혔던 참에 나도 수도권에 사는 형제들에게 단감과 대봉을 보내주십사 하고 부탁을 드렸다.

감은 농장에서 그날 아침에 수확하여 바로 택배로 보내졌다. 다음 날 이웃은 시누이가 맛있는 감을 잘 받았다 한다고 전했다. 나의 형제에게서도 신선하고 건강한 먹거리를 보내줘서 잘 먹겠노라고 소식이 왔다. 하루 만에 남녘의 가을 햇살을 담은 청정 먹거리는 도심의 안방을 떡 차지하고 앉았다. 이만하면 시쳇말로 'LTE급'이다.

예전 같으면 맛있는 감이 산지에 있어 보내고 싶어도 무거운 감상자를 보낼 엄두를 쉽게 내지 못했을 것이다. 그나마 급한 일이 있으면 우체국을 통해 소포를 주고받기는 했지만 소형화물만 다루어서 보내고 싶은 것이 있어도 간편하게 보낼 수 있었던 것도 아니다. 교통이 불편했을 뿐만 아니라 물건을 남에게 맡겨 보내고 받을 정도로 풍족했던 것도 아니고 배송 체계도 원활하지 못했다. 대개는 꼭 필요한 것이 있으면 힘들여 직접 사러 가거나 인편에 부탁하기도 했다.

    열한 살 때 나에게 첫 조카가 생겼다. 그때는 많은 것이 부족하던 시절이었지만 사람들은 불편해하거나 조급해하지 않았던 듯하다. 조카가 태어난 다음 날 어머니는 학교에 가려는 나에게 돈을 쥐어 주며 아기 기저귀 끈을 사 오라고 했다. 새 생명의 허리를 차지하고서 중요한 역할을 할 기저귀 끈을 내 손으로 배달하는 막중한 임무를 맡게 되어 돈을 잃지 않으려고 애를 썼다. 머릿속에서는 온통 기저귀 끈, 기저귀 끈이 맴돌았다. 마침내 고수동굴 앞에 있는 잡화점에서 조카의 기저귀 끈을 몇 개 사 주머니에 넣고 돌아오면서 어찌나 가슴이 벌렁대던지.

    요사이는 미리 출산용품을 다 준비해두고 아이가 태어나기를 우주선 발사 전에 카운트다운 하듯이 날을 세며 기다린다. 이런 관점에서 보면 아이가 이미 태어났는데 그제야 기저귀 끈을 준비하는 일과 더구나 학교에서 돌아오는 길에 사 오라고 하는 일을 이해하기 힘들다. 최소한 이틀은 기저귀 끈이 없이 갓난아기에게 기저귀를 채웠다는 말인데, 이즘처럼 일회용 기저귀가 있었던 것도 아니고 천 기저귀를 사용한 그때에 어찌했던 것일까. 어머니에게도 첫 손주였는데 참으로 느긋한 대처가 아닐 수 없다.

나에게 느긋하게 느껴지는 행위들은 환경에 순응한 결과일지도 모르겠다. 오일장이 열리는 곳은 멀고, 농사일에 바쁜 나머지 미리 준비해 놓을 짬도 없었을 것이고, 아이가 정확히 언제 태어날지도 몰랐던 것은 아니었을까. 아이 아버지가 될 오라비는 군에 가 있어서 소식이 감감했던 때다. 더구나 1990년대 후반부터 통신판매업의 성장과 함께 택배 문화가 퍼지기 시작했으니 70년대에는 '빨리빨리'가 꿈같은 일이었다.

지금은 주문하고 나서 웬만하면 하루 이틀 만에 집으로 배송이 된다. 종류와 크기를 거의 가리지 않고 배달해 준다. 그러다 보니 많은 부분을 택배에 의존하면서 살아간다. 특히 나의 경우는 필요한 것이 있을 때 직접 매장에 나가 사는 것보다 온라인 쇼핑을 통해 구입하는 때가 많다. 가구와 가전제품 외에도 사과 고구마를 비롯해 치간 칫솔 등의 소소한 물건까지 집에서 받는다. 격의 없거나 사정을 헤아려줄 만한 어지간한 사이면 선물도 택배로 전달한다.

이따금씩 서울에 사는 남매에게도 택배를 보낸다. 여러 가지

밑반찬을 해서 보낼 때도 있고, 계절 따라 변하는 옷가지를 보낼 때도 있다. 며칠 전에는 뽀얀 곰국을 일 인분씩 개별 포장을 해 얼린 다음 총총 썬 쪽파까지 곁들여 보냈다. 곁에서 직접 끼니를 챙겨주는 것 못지않게 하루만 지나면 '냉장고가 가득해서 든든하다.'는 절로 배불러지는 소식을 듣는다.

서울과 부산을 십여 분 만에 주파할 수 있는 시대가 다가오고 있다. 그야말로 시공간을 뛰어넘는 시대를 살고 있어서 이것저것 주고받는 일에는 택배로 안 되는 게 거의 없다. 택배라는 시스템이 없었던 시절에는 사람들이 어찌 살았을까 싶고, 택배가 없다면 당장은 어떻게 살아갈까 싶다.

사람들은 살아가는 데 편리한 방식을 끊임없이 생각해 내고 생활 속에 접목해 간다. 택배는 직접 오고 가는 수고에 비해 그나마 저렴하게 물건을 배달해 주는 서비스라서 인터넷 쇼핑이 대중화된 현대사회에 없어서는 안 될 존재로 자리 잡았다. 택배 서비스가 앞으로 어떻게 진화해 갈까. 이미 드론으로 무인 택배를 시작한 시대가 되었다. 삶의 변화에 따라 배달의 모양새는 변해가겠지만 배달의 민족이 존재하는 한 폐업하는 일은 없을 것 같다.

(2018. 11.)

버팀목

비바람이 세차게 불던 날 정원에 서 있던 키 큰 소나무가 쓰러졌다. 여러 해 서 있던 나무다. 그러나 이번 일이 있기 전에 이미 이 나무는 죽은 나무처럼 보였다. 고아한 산수화를 떠올리게 하는 소나무들과 달리 건드리면 풀썩 내려앉을 것만 같아서 그간 내 눈을 끌었다. 언제부터 푸른 잎을 하나둘 잃고 가지마저 물기를 잃어왔는지, 혹은 처음부터 뿌리내리지 못하고 말라죽은 것인지 그것까지는 눈치를 채지 못했다. 그랬는데 다섯 그루

중에 한 그루였던 '죽은 나무'가 풍세대작에 길게 누워버렸다.

　존재감이 별로 없던 나무는 쓰러지고 나서야 치워야 할 존재로서 존재감이 확실해졌다. 비와 바람이 멎자 관리소 직원 너덧 명이 와서 수습을 하느라 소란스럽다. 수습반이 떠나고 조용해진 밖을 내다본다. 미처 뿌리내리지 못하고 쉽게 뽑혀버린 자리는 상한 이가 빠져나간 듯 우묵하다. 한때 생명을 가졌던 존재였을지라도 겨우 희미한 흔적을 하나 남기고 모든 것이 순식간에 깔끔하게 마무리가 되는 것일까.

　서 있던 소나무의 풍경이 눈에 남아 있어서인지 간간이 내다볼 때마다 영산홍 무더기 가운데의 빈자리가 생경스럽기만 하다. 습관처럼 눈길이 가긴 했지만 며칠이 지나면서 새로워진 풍경도 차차 눈에 익는다. 익숙해지면 원래부터 그랬던 것처럼 당연하게 여기면서 또 적응하게 된다. 낯섦과 익숙함이 반복되면서 우리네 삶도 지금껏 이어져 왔으리라.

　사색에 잠겨 소나무의 둥치에서부터 위로 시선을 느리게 옮긴다. 그때 네다섯 명의 수습반이 다시 나타났다. 손에는 대나무 장대와 기다란 각목 등이 들려있다. 이번에는 '남겨진 자'에 대한 돌봄 서비스를 하러 온 모양이다. 나무마다 각각의 버팀목을 세워

둔 것 외에도 이십 미터가 넘는 다섯 그루가 서로 의지할 수 있게 공중에서 울타리처럼 대나무로 이어놓았었다. 그런데 그중 한 그루가 사라지면서 믿음직한 연결고리가 끊겼으니 남은 네 그루를 위해 손보러 온 것이다. 작업반의 손길이 닿자 상처가 치유되고 서로의 사이가 더욱 돈독해진 것 같다. 벗을 잃어 며칠 까라졌던 소나무들은 힘을 주어 어깨동무를 한 듯하다.

다시금 든든해진 소나무들에 익숙해져 가던 어느 날, 어깨동무를 한 아랫부분에서 용을 쓰고 있는 버팀목이 눈에 들어왔다. 다리 셋을 벌리고 서서 힘껏 나무를 받치고 있는 모습이 어느 시기의 내 모습을 보는 것만 같다. 나의 존재감은 뒤로한 채 창창한 자식들이 바로 서기만을 간절히 바랐던 지난 시간들이 오버랩된다. 어쩐지 사람과 나무는 닮은 데가 많은 듯하다.

넓은 정원을 둘러보니 웬만한 나무는 거의 탱목의 지지를 받고 있다. 그러나 그동안 내 눈에 원류는 잘 보이지 않고 피상만 보였다. 산 나무가 죽은 나무에 기대어 뿌리를 내리고, 싹을 틔우고, 꽃을 피우고, 열매를 맺어왔는데도 말이다. 산 나무는 죽은 나무에게 도움을 받는 것을 당연하게 여기고, 죽은 나무는 자신의 희생을 당연하게 받아들이며 습관처럼 지내오고 있는 듯하다.

정원수건 가로수건 옮겨 심은 나무들은 대부분 스스로 비바람에 당당히 맞서 살아가기가 쉽지 않아 죽은 나무에 기댄 채 살아간다. 버팀목은 자신을 온전히 내어놓고 산 나무가 비바람에 흔들리지 않게 지탱하고 있다. 자신의 몸은 이윽고 삭아 없어지고 말지만 희생 덕에 산 나무가 큰바람이 불어와도 눕지 않고 살아낼 수 있게 해주는 셈이다.

산 나무는 자신을 오랫동안 지탱해 주고 있던 죽은 나무가 사라져도 무덤덤하다. 자신이 무탈하게 살아온 것은 본인이 잘해서 그런 것처럼 당연하고, 탱목이 자신을 받치고 있던 것도 할 일을 했을 뿐이니 자연스러운 일이라고 여긴다. 하지만 어느 날 문득, 버팀목이 사그라지는 순간이 온다. 지탱해오던 죽은 나무가 자신이 굳건히 뿌리내릴 수 있게 해주었다는 사실, 비바람에도 쓰러지지 않고 버티며 존재할 수 있게 해주었다는 사실을 뒤늦어 뉘우치게 될 것이다.

당연한 것 같아 잊고 살았지만 소나무를 밤낮 받치고 있는 창밖의 탱목을 보면서 나는 깊은 생각에 잠긴다. 힘겨워 보이는 버팀목이 자식들을 떠받치고 있는 나 자신인 줄 알았는데 다시 보니 나의 부모님 같아서다. 돌아가신 부모님이 생전에는 물론이고 지금까지도 굵은 힘줄이 돋는 다리로 굳건히 나를 받치고 있을 줄이야. 스쳐 지나간 이웃들과 친구들도 순간마다 나를 붙들어준 버팀돌 같은 존재들이다.

이 세상에 존재하는 것들은 다른 이의 희생 위에 집을 짓고 살아온 흔적이자 결과물이다. 그 자체만으로도 충분히 숭고하며 가치 있다. 나무가 죽어서도 태풍을 견딜 수 있는 생목의 버팀목이 되듯이 우리도 언젠가 누군가의 버팀목이 되기 위하여 싹을 틔우고 꽃을 피우며 살아가는지도 모른다.

풍화되어가는 버팀목이 새삼스러이 선명하게 눈에 들어온다. 죽은 나무지만 결코 죽지 않는 생명력, 선정에 든 듯 맑은 빛으로 곧간하게 선 모습을 보면서 나의 부모님, 그리고 이웃과 친구들을 떠올린다. 인간이 혼자 살아간다면, 또는 혼자 살아갈 생각이라면 진즉에 인간 사회는 사라졌을지도 모른다. 자연 생태계의 순환이나 우리 삶을 떠올려 보면 서로의 생사에 절묘하게 관여하며 세계의 균형을 이루고 있다.

낮은 자세로 받쳐준 부모님 덕분에 변변하지 못한 나도 몸 하나 건사하며 이만큼 살아남아서 이제는 자식들의 버팀목이 되어 살아가고 있다. 그렇듯이 작업반에 의해 사라진 고목이 여린 나무의 버팀목으로 다시 돌아오기를 기다린다. 비록 자신은 짧게 마감한 생일지라도 누군가의 비빌 언덕이 되어주는 것은 못다 한 생명을 잇는 고귀한 일일지도 모른다는 생각에서다.

(2019. 1.)

먹방

요즘 나는 어떤 문화에 뒤늦게 눈뜨고 있다. 다름 아닌 먹방의 맛을 알아버린 것이다. 대중매체에 연예인 등이 나와서 시시덕거리며 게걸스럽게 '먹는 방송'을 하는 걸 보고 방송할 게 없어서 채널마다 온통 먹는 것 일색인가 하며 비하했었다. 오죽 볼 게 없어서 남들이 먹는 모습을 재미있어하며 일부러 보고 앉아 있는 시청자도 이해를 하기 어려웠다. 그러나 요즈막에 혼밥을 할 때나 짬이 날 때 음악을 듣듯이 인터넷 먹방을 틀어놓곤 한다.

보는 회를 거듭할수록 먹방은 점점 사람을 끌어들이는 묘한 마력이 있다는 것을 알게 되었다. 우선 사람의 본능 중에 식욕에 대한 감각적인 자극 때문이다. 시각적인 효과와 청각적인 효과음이 그만이다. 이런저런 이유로 내가 먹을 수 없는 것들을 후루룩 쩝쩝, 냠냠, 맛있다 하면서 먹는 모습을 보면 내 배가 절로 부르다. 사람들은 그간 대리만족의 효과 때문에 먹방을 보는 것이 아니었을까 싶다.

내가 즐겨보는 먹방에는 몸이 운동으로 잘 단련된 청년이 나온다. 이 청년은 먹방계에서는 나름 인기가 많아서 구독자도 상당히 많다. 나는 이 청년의 인기 요인을 몇 가지로 꼽는다. 먼저 이 청년은 먹방을 하는 사람답게 먹는 음식의 양이 어마어마하다. 라면 열 개는 기본이고, 추가로 먹는 음식도 나의 상상을 초월한다. 어느 때는 자장면을 단숨에 열여섯 그릇을 먹었다.

처음에는 사람이 한꺼번에 저토록 많은 음식을 먹을 수 있을까, 저렇게 먹으면 건강에는 문제가 없을까, 영상을 찍고 나서 바로 토해버리는 것은 아닐까, 돈을 벌기 위해 몸 상해 가면서 억지로 무리해 먹는 것이 아닐까 등등 여러 가지 궁금증이 생겼다. 그런데 이 청년을 꾸준히 지켜보면서 나의 궁금증이 저절로 해소가 되는 듯하다. 부모가 인정할 정도로 운동선수로 활동하던 어린 시절 때부터 대식가였다는 청년은 복스럽게도 먹는다. 게다가 처음 숟가락을 들었을 때부터 젓가락을 놓을 때까지 먹는 속도도 일정하다. 많은 음식을 먹으면서도 한결같이 맛있게 먹는다. 자신이 탈 없이 건강하다는 것을 간접적으로 보여주는 것 같다.

또 생방송으로 쌍방향 소통을 하면서 시청자의 요구에 그때그때 반응을 한다. 시청자들은 자장면을 먹는 청년에게 고춧가루를 뿌려 먹어봐라, 식초를 뿌려 먹어봐라, 단무지를 올려서 먹어봐라, 좀 천천히 먹어라 등의 별별 간섭을 한다. 내가 보기에는 수용하기 어려워 보이는 요구도 이 청년은 투철한 실험정신으로 응한다. 자장면에 마요네즈를 섞어 먹어보는 식이다.

속도 좋아 보이는 이 청년에게 빠져드는 또 다른 이유는 음식을 대하는 긍정적인 자세 때문이다. 어마어마한 양을 먹어도 이것도 맛있다, 저것도 맛있다면서 그릇 바닥이 보일 때까지 남김없이 알뜰히 먹는다. 조회 수 때문에 시청자를 의식해서 어쩔 수 없이 싹싹 긁어먹는 것일 수도 있지만 이 청년의 행동은 가식적으로 보이지 않는다.

이 외에도 매력은 여럿 있다. 인터넷방송에서 일시적인 인기

몰이를 하기 위해 일부 저속한 말을 쓰기도 하는데 이 청년은 예의 바른 말투를 쓴다. 또한 가끔 음식을 푸지게 마련해주는 엄마에 대한 감사의 표현도 스스럼없이 한다. 시청자들의 이러저러한 궁금한 것들에 대해서도 소탈하게 가감 없이 자신의 이야기를 들려준다. 물론 연신 먹으면서 옆에 있는 사람에게 이야기하는 것처럼 자연스러워서 방송이라는 생각이 들지 않을 정도다.

밥을 먹을 때 나는 이 청년과 함께 먹는다. 그래서 혼자 먹어도 혼밥이 아니다. 많은 양을 먹지 못하는 내 옆에서 이 청년이 맛있게 많이 먹어주니 그 또한 새로운 경험이다. 육류를 멀리하는 내 곁에서 이 청년은 삼겹살 3킬로그램을 지글지글 구워 순식간에 먹고 나서 참기름을 살짝 두르고 김가루를 뿌려 밥도 볶아 호호 불면서 먹는다. 김치찌개도 푸짐하게 곁들여 뚝딱 비우니 별천지가 아닌가. 나에게는 그림의 떡이다.

자정이 넘은 지금 이 순간에도 이 청년은 내 앞에서 라면을 열 봉지를 끓여 후루루룩, 김치를 곁들여 먹고 있다. 나는 일을 하면서 대신 군침을 삼키는 중이다. 그래서 나는 요즈음 건강해진 느낌이 든다. 입안에 항상 침이 고이기 때문이다.

먹방은 집중해서 보지 않아도 되어서 좋다. 그냥 곁에서 누군가 이야기를 하며 음식을 먹고 있는 것이라 심심하지 않아서도 좋다. 나에게 직접적으로 하는 이야기는 아닐지라도 나는 형제자매가 둘러앉아 밥을 먹던 옛 시절을 떠올리며 충분히 만족하며 즐기고 있다. 이래서 사람들이 먹방을 즐겨보았던가 보다. 나를 비롯한 혼밥을 해야 하는 현대인들은 자신만의 방법으로 즐거움을 찾아 시대에 적응하며 살아가고 있다.

아무리 봐도 이 청년은 먹는 것을 타고난 것 같다. 하늘은 녹祿* 없는 사람을 낳지 않는다는 말이 있다. 누구나 태어나면서 자기가 먹을 것은 가지고 태어난다는 의미다. 즉 벌어먹고 살 '생존 수단'을 걱정하지 않아도 된다는 뜻으로 해석할 수 있다. 이 청년의 경우는 많이 먹을 수 있는 '특별한 식욕'을 타고 난 것 같다. 자신의 타고난 조건을 바탕으로 맛있는 음식을 실컷 먹으면서 다른 사람들을 행복하게 해주고 나아가 돈도 많이 벌고 있으니 잘 먹을 수 있는 능력이 생존 수단인가 보다.

어느 지인은 나의 먹방론을 듣고 관심을 갖게 되었다 한다. 계기가 되어 관련 자료를 찾아보는 과정에서 먹방에 대해 긍정적

---

* 녹 : 벼슬아치에게 일 년 또는 계절 단위로 나누어 주던 금품을 통틀어 이르는 말. 쌀, 보리, 명주, 베, 돈 따위이다.

인 관점을 가진 나와 달리 문화적 충격을 받았다는 것이다. 다변화 사회에서 사람들의 삶의 형태가 변함에 따라 국민들의 의식구조와 음식문화도 바뀌게 마련이지만 지금의 먹방처럼 야만적인 행위는 일찍이 드물었다고 생각하기 때문이란다. 물론 무의미해 보이는 과식과 폭식은 한 끼조차 아쉬운 사람들에 대한 모독으로 비칠 수도 있다. 게다가 인간의 신체적인 구조상의 한계를 무시하는 행동으로 보일 수도 있다.

그렇지만 점차 1인 세대가 많아지는 사회구조에서 주택의 구조도 1인 세대를 겨냥해 소형으로 바뀌는 흐름인데, 식사문화의 변화는 삶에서 어쩌면 가장 민감하게 반응하는 부분일지도 모른다. 뿐만 아니라 사회의 '변화 시계'는 우리 몸이 느끼지 못할 정도로 빠른 속도로 돌아가고 있다. 그러다 보니 현대인들은 문화를 깊이 이해하고, 느끼고, 생각할 여유가 없다. 새로운 것을 접해 살펴보려고 붙잡고 있다 보면 세상의 '문화 시계'는 저만치 앞서가고 있다. 말로만 듣던 빛의 속도를 실감하는 요즘이다.

타국의 좁은 탁자 위에 달랑 라면 냄비를 놓고 고독한 식사를 하면서 먹방을 보며 혼잣말을 하던 외국인 유학생을 이해할 수 없었던 1인인 내가, 서류더미 옆에 놓인 식사를 하면서 먹방을 보게 되다니. 그것도 즐겁게. 혼잣말도 하면서.

   지인은 이런 나의 극적인 변화를 두고 '사람은 누구나 세월 앞에서 어쩔 수 없구나.'라고 생각했다 한다. 오랫동안 혼밥을 하더니 외로워서 눈이 뒤집힌 줄 아시나 보다. 그러나 걱정 마시라. 이미 거스를 수 없게 시대의 문화로 자리 잡은 콘텐츠를 즐기고 있는 것뿐이니까.

(2019. 1.)

조작의 시대

　바로 조금 전의 일도 특별히 관심을 두지 않으면 확실하게 되짚어내지 못할 때가 있다. 그런데 '이전의 인상이나 경험'을 '도로 생각해 내는' 일을 '작정하고 방금 해낸 일처럼' 해낼 수 있을까. 정확하고 빈틈이 없는 사람을 '컴퓨터'라고 이를 정도로 컴퓨터는 정보처리 능력과 막강한 메모리 능력을 갖추었다. 컴퓨터에 대적하지 못하는 우리의 기억은 과연 얼마큼 믿을만한가.
　몇 년 전에 아파트 매매와 관련하여 법정 소송을 겪었던 적이 있다. 당시 아파트 매매의 경험이 많지 않았던 소시민으로서 유자격자인 중개인을 굳게 믿고 맡겼던 일이 그들의 농간으로 어그러지는 바람에 곤경에 처했었다. 회상하기 싫은 과거지만 그럴수록 휘발시키기 위해서라도 들추어내 본다.

　이사를 계획하면서 이웃으로부터 부동산 중개인 '이 실장'을 소개받았다. 그때 나는 생무지라 실장과 소장의 차이도 구분할 줄 몰랐다. 실장이 싹싹하게 굴자 완전한 내 편인 것처럼 여기고 그에 대해 깊은 인간적인 믿음을 가졌다. 그런데 귀찮을 정도로 숱한 사람이 집을 보고 간 후 일이 다 된 듯하다가도 웬일인지 거래가 성사되지 않았다. 시간이 꽤 흘렀다. 이사 갈 집은 이미 계약을 해 둔 상태로 잔금 일자는 다가오는데 팔아달라고 내놓은 집에 대해서는 여전히 잠잠했다.

　일에 바빴고, 실장에 대한 신뢰가 깊었기 때문에 어련히 알아서 해주리라 믿고만 있었다. 그러다가 '너무 믿지 말고 알아보라'는 주위의 성화를 받고서야 전화로 독촉했다. 이런저런 시늉을 하기에 좀 더 기다렸다. 그런데도 일에 진척이 없자 더는 기다릴 수 없어 연락을 거듭했다. 그제야 계약서를 작성하기에 앞서 잔금 일자에 대해 이야기할 게 있으니 '지금' 사무소로 오라 했다. 매수인과 사전에 시간 조율도 없이, 더구나 나도 그 시간에는 미룰 수 없는 일정이 잡혀져 있어 곤란했다. 입장을 이야기해도 이 실장은 5분이면 된다, 10분이면 되니까 잠깐만 왔다 가라고 했다.

빨리 계약을 해야 이사에 차질이 없을 거라는 생각에 그간의 서운한 마음은 접고 서둘러 달려갔다. 한산한 사무소에는 실장과 또 다른 김 실장만 있었다. 이곳에 머무를 시간이 많지 않다고 말하자 김 실장은 서 있는 나에게 이미 작성된 계약서를 보이며 매도인의 주소와 이름만 적어달라고 했다. 수업할 시간이 다가왔으므로 빨리 돌아가야 한다는 조급증만 온통 나를 감쌌다. 빠르게 계약서 내용을 훑어보았다. 중도금 날짜가 나와 상의하지 않은 날로 적혀 있었다. 매수인도 보이지 않았다. 여러 가지가 비상식적인 상황인데도 나는 조급한 마음에 다른 사고기능은 멈춰버린 듯했다.

김 실장이 요구하는 대로 주소와 이름을 서서 적고 나서는 아무리 상식이 없다고 해도 '이건 아닌 것 같은' 느낌이 별안간 몰려왔다. 그래서 "이건 정식 계약서가 아닙니다. 무효예요."라고 말하고는 계약서 같지 않은 계약서를 놔둔 채 아이들이 기다리는 곳으로 급하게 돌아왔다. 일순간의 실수로 인해 앞으로 어떤 지난한 일이 벌어질지도 모르고 나는 오로지 '시간'에만 꽂혀 있었다.

인정하기 싫지만 무지도 죄가 될 수 있다는 것을 하루도 지나지 않아 알게 되었다. 김 실장은 '네가 계약서를 작성했고, 계약서는 유효하다.'고 주장했다. 후에 알고 보니 김 실장은 소장의 아내였고, 현장에 없었던 매수인은 그들의 스물 남짓한 아들이었다. 내가 내놓은 물건이 투자 가치가 있겠다고 생각한 김 실장은 실제 매수인에게 중개를 하는 것처럼 매매가까지 흥정해서 자신의 아들 명의로 잡고는 그동안 실거래자와의 거래를 성사시키지 않았던 것이다.

주위의 도움으로 긴 공방 끝에 나의 억울함을 다소나마 풀 수 있었다. 당하고 나면 인생훈을 얻어 성장하듯이 계약서 작성은 소장이 해야 한다는 것과 매도인이 의뢰한 물건을 종사자나 그의 가족들 명의로 매수할 수 없다는 사실을 새롭게 알게도 되었다. 하지만 소송이 진행되는 동안 행정관청과 법정을 쫓아다니며 탄원서를 제출하랴, 관련자를 찾아다니며 증빙서류를 만드느라 참으로 몸과 마음이 피폐했다.

사건이 해결되고 시간이 흘러 지금에 와서 돌아보니 '피폐했었다'고 한 단어로 간단하게 표현할 수 있지만 그때 가장 곤혹스러웠던 것은 사건과 관련된 '지난 것들을 세세하게 기억해 내는 일'이었다. 어떤 일이 벌어질 때마다 차후에 문제가 될 수도 있겠거니 하고 일일이 메모하고, 녹음하고, 증인을 세워놓지는 않는다. 만약 그 정도의 불신 사회라면 하루도 마음 편히 살 수가 있을까. 그렇게 된다면 사람들은 모두 돌아버릴지도 모른다.

생각지도 않게 사건에 휘말려 소송을 벌여야 하는 처지가 되고 보니 당사자와 주변인들 간에 순간순간 주고받던 말과 행동, 그리고 사건에 관련된 소소하고 미미했던 일을 떠올려내는 '기억력'이 마치 최대 변수이자 핵심 쟁점인 듯했다. 잘잘못을 가려 진실을 밝혀내는 일보다 누가누가 지난 일을 잘 더듬어 그럴듯하게 짜 맞추느냐 내기를 하는 것만 같았다. 내게 닥친 그러한 일들이 남의 일인 것만 같고, 초를 재며 사는 처지여서 누군가 대신 처리를 해주면 좋겠다는 생각까지 들 정도였다.

사람은 위기에 몰리거나 결정적인 순간에 본심이 나오는 것 같다. 내 입장에서는 고객의 권리를 침해하는 위법행위를 하고도 뻔뻔하게 오히려 '법적으로 하자'며 법정 싸움까지 오게 한 중개인의 허물이 분명하니 바로 마무리가 될 줄 알았다. 그러나 닳고 닳은 꾼들에게 문외한인 나는 밥이었던 셈이다. 같은 업종의 소장들까지 매수하여 법정에서 위증을 하게 하거나 김 실장 자신이 쓴 계약서임에도 얼굴 한번 보지도 못한 소장이 썼다며 필적 감정까지 하는 등의 술수가 난무하더니 소송은 장기전에 돌입했다.

소비자의 정당한 권리를 요구하는 것이므로 당시 정황을 최대한 사실에 근거해 발언하고 증명해내면 다툼이 끝날 줄 알았던 것은 나만의 생각이었다. 다툼을 하지 않는 것이 최선이겠지만 불가피한 싸움은 앉아서 당할 수만 없었다. 법적 근거와 관련 자료를 준비해 이 정도면 명백하겠지, 하고 마음을 좀 내려놓으면 상대는 또 다른 증인과 억지를 내세웠다. 소장이 지역 단체의 장이라는 자신의 지위를 이용해 경찰까지 매수한 정황을 감지하고서 그제야 꾼 중의 꾼과 싸우고 있다는 것이 실감났다. 세상은 진정한 자신의 책무는 잊은 채 목소리 큰 사람과 간판이 화려한 사람, 완장 찬 사람 중심으로 돌아가는 듯했다.

뒤늦은 자각은 나를 변하게 만들었다. 사건의 발단과 과정을 더듬으며 어떤 말이 오갔는지, 어떤 일이 있었는지, 증언해 줄 사람은 누구인지 등의 뼈대를 세웠다. 최대한 기억을 떠올려 당시를 현실로 그대로 옮겨 놓았다 싶었다. 하지만 이번에도 내 생각일 뿐이었다. 상대는 내 기억에도 없는 새로운 말을 교묘히 만들어내며 사건의 본질을 흐리기 일쑤였다. 나는 절망했다. 사람의 탈을 쓰고 어떻게 법정에 서서 거짓말을 속눈썹 하나 까딱하지 않고 할 수 있을까. 자신의 위치를 헌신짝처럼 내던질 수 있을까 하고.

그런데 소송이 길어지자 나 자신도 내 말의 진위를 가리는 데 자신이 없어졌다. 시간은 멈추지 않고 앞으로 흘러 처리하거나 기억해야 할 일이 갈수록 많아지는데 과거의 일을 밑두리콧두리 캐다 보니 그 일은 점점 희미해져 갔기 때문이다. 나 자신조차도 나의 기억에서 끌어낸 사실들을 정말로, 곧이곧대로 믿을 수 있을까 하는 의구심이 들었다. 큰 의미 없이 기억에 의존해 떠밀리듯 소모전을 벌이고 있는 것 같아 더욱 허탈했다.

이미 과거가 되어 버린 수많은 일들 중에 나는 좋은 일만 추억하고 싶다. 좋지 않았던 오류 범벅까지 나의 뇌바구니에 담아두고서 영혼을 갉아먹고 싶지 않다. 그래서 나에게 한때 고난을 주었던 그들도 잊으려 노력한다. 물론 살면서 한번 겪을까 말까 한 색다른 경험을 하게 해주어 세상 한편의 맛을 알게 해준 것은 감사하기는 하다. 게다가 훌륭한 삶 공부를 시켜준 덕분에 돌다리도 두드려 보고자 하는 경계심을 갖게도 되었지만 말이다.

기억은 '추억'이나 '생각' 같은 말과도 상통하는 의미다. 형상 없이 사람의 인지를 담보로 하는 지극히 추상적인 개념들 아니던

가. 이들의 뒤에 붙여 쓰면 어울릴 법한 '잊히다', '희미하다', '사라지다' 등만 봐도 '기억'에 사로잡히거나 의존하는 일이 가져올 결과는 오류를 범할 소지가 다분하다. 더구나 세대를 뛰어넘는 오래전의 일이라면 더욱 더 그렇다.

요즘 일부 위정자들이 십 년 전은 약과이고 수십 년 전의 쾌쾌한 과거를 재차 들추어내고 있다. 급변하는 국제 정세 속에서 앞으로 나아가도 시원찮을 판에 외톨이를 자처하며 혼자만 깊은 곳에 앉아 '기억의 우물'을 파고 있다. 청정 암반수를 사서 먹는 시대에 흙탕물을 일으키며 명징하지도 않는 기억에 기대어 외로이 헛짓을 하고 있는 심사를 짐작해 본다. 이래저래 뒤가 구린 자들이 자신의 과오를 덮기 위해 엉뚱한 곳을 찌르고 들추는 것밖에 더 있을까. 상대에게 지난날의 한풀이를 하기 위한 의도된 흠집 내기에 불과하다.

이즘 사방에서 벌어지고 있는 일을 보면 빈대 잡으려다 초가삼간 태우는 형국이다. 이보다 우매한 일이 또 있을까. 지도자가 자신의 책무를 잊는 일이며 품위를 잃는 일이기도 하다. 법을 앞세우길 좋아하는 사람치고 준법정신이 확실한 사람을 본 적 드물다. 꼬투리를 잡았다며 큰소리를 치다 오히려 역풍을 맞고 물러나는 것도 같은 맥락이다. 법보다 상식이 우선되는 사회가 어쩌면 살기 좋은 사회가 아닐는지.

먹고사는 일이 급한데 오래된 일을 가지고 시비를 거는 사람을 미래지향적이라 보기 어렵다. 온전치 않은 과거의 기억에 매달려 이미 끝났으며 폐기되고도 남을 일들을 다시 끄집어내 시시비비를 가리려고 하는 것은 과거지향적인 행위이다. 과거로의 회귀가 '정도나 수준이 나아지거나 높아지게' 하는 일인지, 또는 '발전의 합법칙성에 따라 사회의 변화나 발전을 추구하는' 것인지 알지 못하겠다. 참된 '진보'라면 과거에 머무르기보다 신박한 정책 대결로써 앞으로 나아가야 옳은 게 아닐까.

기억은 실제로 존재하는 절대적인 개념이 아니다. 확실하다고 믿는 것 자체부터 돌아보아야 할 필요가 있는 성질의 영역이다. 그릇된 기억은 그릇된 결과를 가져올 뿐만 아니라 또다시 그릇된 기억을 낳는다. 그렇기에 근시안적인 사고방식에 사로잡혀 얄팍한 술책으로 무모한 짓을 하는 것은 '잊고 싶은 과거'가 되기를 자초하는 일이다. 더 이상 기억이라는 애매한 오류덩어리를 핑계로 역사의 바퀴를 도돌이표에 가두지 않기를 바랄 뿐이다.

(2019. 3.)

은감불원殷鑑不遠*

'옷은 시집올 때처럼 음식은 한가위처럼'이라는 말은 옷은 시집올 때 가장 잘 입을 수 있고 음식은 한가위에 가장 잘 먹을 수 있다는 뜻으로, 언제나 잘 입고 잘 먹고 싶다는 말이다. 나도 이번 한가위에는 한가위처럼 잘 먹을 수 있었다. 이는 육신의 포만감만 의미하는 것이 아니라 메마른 가슴도 조금 채울 수

---

* 은감불원殷鑑不遠 : 거울삼아 경계하여야 할 전례前例는 가까이 있다는 뜻으로, 다른 사람의 실패를 자신의 거울로 삼으라는 말. 《시경》의 〈탕편蕩篇〉에 나오는 말이다.

다만 부러울 뿐이에요

있었기에 자족에서 오는 정신의 배부름까지를 아우른다.

이번 한가위에는 성장한 아이들의 사정을 감안하여 역귀성을 하였다. 설에 이은 명절이라지만 추석도 예전 같지 않다. '추석'이라는 말만 들어도 설레던 시절이 있었으나 변하는 세월과 함께 문화도 변하고 개인적 감흥도 바랜 듯하다. 허술한 송편 몇 알로 단출한 한가위 낮을 보내다 밤이 되어서야 며칠 머물고 있는 곳이 '송파'임을 떠올렸다. 송파 둘레는 역사적으로 여러 의미가 있는 곳이지 않던가. 진즉에 송파에 가면 근거리에서 찾아볼 만한 곳을 꼽아보곤 했었다. 마침 배도 식힐 겸 가볍게 나섰다.

도심 속에서 얼마큼 걷자 석촌동 백제초기적석총이 나왔다. 고분 위로 남청빛 하늘이 보꾹*처럼 펼쳐져 있고, 달무리 진 보름달이 촉수 낮은 등처럼 달린 채 돌무지를 비춘다. 주변에는 아파트 단지와 롯데타워가 벽을 이룬다. 하지만 소나무 숲과 적석총들이 잠자고 있는 공원은 백제 시기의 어느 한가윗날로 돌아간 듯 고즈넉하다. 돌계단 같은 고분이 달빛 아래에서 빛난다. 낮에는 결코 느낄 수 없는 명암의 대비가 이질적이면서도 은근해 깊이

---

* 보꾹 : 지붕의 안쪽. 지붕 안쪽의 구조물을 가리키기도 하고 지붕 밑과 반자 사이의 빈 공간에서 바라본 반자를 가리키기도 한다.

를 더한다.

걸음을 낸 김에 멀지 않은 삼전도비를 찾아 나선다. 잠실호수교를 건너며 매직아일랜드의 현란한 불빛을 잠시 감상했다. 자이로드롭을 탄 사람들의 비명이 호수를 숨 가쁘게 건너왔다. 그 소리에 끌리듯 석촌 서호西湖로 들어섰다. 호숫가를 잠시 걷다가 표지판을 보고 오십 미터쯤 올라갔더니 끝 모르게 치솟은 롯데타워가 먼저 눈에 들어온다. 그러나 그에 못지않은 커다란 비석이 눈길을 끈다.

삼전도비! 치욕의 역사를 고스란히 새긴 몸으로 지금껏 존재해 온 너였구나! 품고 있는 속뜻은 차치하고서라도 역사를 간직한 현장을 마주할 때마다 나는 감격해마지 않는다. 수백 년 세월 저편에서 말을 걸어오는 듯한 착각과 당시의 '목격자'가 된 듯한 경험을 하는 것 같아서다. 책을 통한 지식은 단지 지식일 뿐이지만 발로 체득한 것은 나의 세계를 더욱 명징하게 한다.

보름밤에 찾은 삼전도비에서 역사적 의미를 생생하게 새긴다. 수치로는 짐작하기 어려웠던 비의 크기도 눈앞에서 대하고 보니 당시 청의 위세만큼 고압적이다. 거대한 비석이 세워진 데에는 나름의 논리적인 추측도 한몫한다. '大淸皇帝功德碑대청황제공덕비'

라 새겨진 큰 비석 곁에는 몸돌과 이수가 없는 작은 귀부가 하나 있다. 이것은 더 큰 규모로 비석이 조성되기를 바라는 청나라 측의 요구에 의해 당초 만들어진 귀부가 필요 없어지면서 남겨진 것으로 추측된다는 점이다.

귀부와 이수를 빼고도 4미터쯤 되는 비는 그냥 봤을 때는 새겨진 글자를 잘 알아볼 수 없다. 앞면 맨 위에 몽골어와 만주어로 새겨진 몇 자와 뒷면의 한자 '大淸皇帝功德碑'만 눈에 띌 뿐이다. 그러나 자세히 들여다보면 오랜 세월 속에 당한 수난이 오롯이 몸돌에 새겨져 있다. 어느 부분은 새뜻하게, 어느 부분은 희미하게. 몸돌마저 오욕을 드러내길 꺼려 비문을 육안으로 분별하기 어렵게 감추고 있는 것은 아닐까 싶다. 견고한 돌덩이가 부끄러움을 아는 생물체인 듯 여겨진다.

어쩌랴. 겪은 일은 감춘다고 하여 숨겨질 리 없다는 진실을. 실리 없는 명분과 과신으로 부른 침략 앞에 도리 없이 무릎을 꿇어야 했던 치욕을 다시 떠올리는 것조차 싫었을 것이다. 나 같은 일개 개인도 기억하고 싶지 않은 일은 빨리 잊고 싶은데, 한 나라의 왕이 겪은 굴욕을 어찌 다시 떠올리고 싶을까. 청의 힘이 수그러들었을 때는 강물에 던지고, 남에게 나라를 빼앗겼을 때는 그들에 의해 다시 세워지고, 나라를 되찾았을 때는 땅에 묻었지만 오욕은 쉽게 묻히지 않는 법인가. 홍수로 다시 모습을 드러냈으니 역사를 잊은 민족에게 하늘의 가르침은 반복되었던 것은 아닐까.

치욕을 어떻게 대해야 할 것인가. 삼전도비는 가을밤에 생각할 거리를 던져준다. 재를 털어야 숯불이 빛나듯이 치욕은 덮으려고만 한다면 끝내 치욕으로 남게 될 것이나 교훈으로 삼아 경계한다면 더없는 가르침이 될 것이다. 삼배구고두례*를 행하기까지 어찌하다 이 지경을 맞았는가의 반성은 없이 단지 치욕을 당하던 순간과 송덕비를 세웠던 흔적만을 감추려는 데 급급했다는 사실이 소인배처럼 느껴진다.

역사는 거대한 물줄기다. 순간순간이 모여 오랜 시간에 걸쳐 흐르는 줄기는 어느 쪽으로 방향을 트는가에 따라 향방이 달라진다. 배의 키를 잡고 있는 사람에 의해 배는 순항을 하기도 하고 난항을 겪기도 한다. 지금껏 역사는 지도자에 의해 큰 흐름을 타면서 흘러왔다. 그래서 현재 우리가 탄 배가 어느 쪽으로 난 물길로 나아가는지가 중요하다.

---

* 삼배구고두례 : 중국 청나라 당시 황제나 대신을 만났을 때 세 번 절하고 그때마다 세 번씩 모두 아홉 번 머리를 조아려 절하는 예법으로 인조가 청 황제 앞에서 당한 굴욕을 말한다.

현재 우리는 잘 가고 있는가 묻고 싶다. 친북 성향의 지도자가 쏟아내는 아찔한 대북 관련 정책들이 암초처럼 느껴지는 것은 나만의 걱정이었으면 좋겠다. 숨겨진 힘들이 거대한 바람이 되어 도도히 흐르는 물줄기를 엉뚱한 방향으로 몰고 간다면 한배를 탄 사람들의 운명도 한순간에 치욕 속으로 떨어질 수밖에 없다. 그렇기에 우리는 치욕도 감추지 말고 거울삼아야 하는 이유다.

부른 배나 식힐 겸 가볍게 나선 걸음인데, 삼전도비를 치어다보고 돌아오는 걸음은 수십 톤의 대리석을 매단 듯 무겁기만 하다. 남이 하지 않은 일을 하고 다니면서 생색을 내기보다는 진정 그 일이 가져올 파장을 생각하는 속 깊은 지도자가 내가 탄 배의 조타수였으면 하는 바람은 과욕일까. 부디 엎드려 머리 조아리는 일은 벌어지지 않기를 달무리가 슬픈 보름달을 보며 간절히 빈다.

(2018. 9.)

4부　부러워하면 지는 거예요

삐딱한 눈으로 보면 | 줄 서기와 줄서기 | 손에 핀 장미 | 묵직한 군번표 | 품앗이 | 소망과 욕망 사이 | 공짜가 뭐길래 | 내가 너였더라면 | 불후의 명작

삐딱한 눈으로 보면

상화床花로 장식한 고임상이 정성스럽다. 한 자 반 높이로 고인 떡, 강정 등과 꿀, 초장에 이르기까지 일흔 가지가 넘는 귀한 음식들이 가득하다. 봉수당 옆에 차려져 있는 정성스러운 진찬연進饌宴 음식들을 얼핏 보았을 때는 신분과 권위를 나타내는 복숭아꽃 상화와 어우러져 화려하다는 느낌이었다. 그러나 찬찬히 살펴보니 편육, 화양적, 회 등의 찬품과 대추, 밤, 만두, 달걀 등이 낯익으면서도 소박해 보인다.

봉수당 진찬연은 효성이 극진했다고 하는 정조가 어머니 혜경궁 홍씨의 회갑을 맞아 성대한 잔치를 베푼 것으로 역사적 가치를 둔다. 술과 음식을 준비하고 만수무강을 기원하는 치사와 궁중무용 등을 올리는 의례이다. 장중한 음악과 화려한 춤이 어우러진 조선시대 궁중예술의 격조와 더불어 궁중복식까지 아우르기에 감동과 의미는 더할 수밖에 없다.

화성행궁은 다시금 펼치려는 정조의 야망 프로젝트 한가운데에 있었다. 왕권 강화를 위한 새로운 정치 공간을 마련하기 위해 화성을 쌓은 후 노른자에 행궁을 배치했다. 그곳에 천팔 백여 명의 수행원을 거느리고 어머니를 모셔 와 올린 성대한 의식이 진찬연이었다. 여드레의 행차에 궁중의 수라간이 움직여 마련한 예식이라니 인고의 세월을 건너온 어머니를 향한 정조의 효심을 짐작하고도 남는다.

뿐만 아니라 정조는 진찬연을 끝내고 인근 백성들을 위한 배려도 빠뜨리지 않았다. 화성부의 홀아비와 과부, 그리고 가난한 백성 수천 명에게 쌀과 소금을 나누어주고 죽까지 쑤어 직접 맛을 보았다고 한다. 또 회갑을 맞거나 여든이 넘은 어르신 수백을 초대해 크고 풍성한 양로 잔치를 열었다.

자, 여기까지는 역사의 기록으로 다 아는 바다. 나는 그로부터 이백여 년이 지난 지금의 시각으로 진찬연과 연관 있는 것들을 조금만 비틀어 보려고 한다. 어차피 역사는 해석하기 나름 아닌가.

후기로 갈수록 흔들렸다고는 하지만 유교의 뿌리가 단단하던 시대의 시선으로 보면 화성행궁에서 열렸던 왕의 어머니 회갑잔치가 그리 문제될 것이 없다. 일찍이 홀로되신 어머님의 회갑인데다 아들이 권력의 정점인 국왕 자리에 있는데 회갑연 정도야 얼마든지 치를 수 있을 테다. 그러나 조선은 신분제 사회였다. 왕족과 귀족, 벼슬하는 사람들이 대접받고 행세하던 사회다. 반면 현대의 나처럼 평범한 사람은 그 시절에는 평민으로서 뼈빠지게 일만 하고, 세금 내고, 사람대접도 제대로 받지 못하던 존재다. 지금은 그나마 내가 열심히 일하면 대가가 어느 정도 주어지니 낫지 않을까. 하긴 요즘 세상에도 권력이랍시고 잡은 자들이 설쳐대는 꼴을 보면 국민들은 허수아비 취급을 받는 것 같긴 하더라만.

왕조 사회와 대의 민주주의 사회를 비교하는 발상 자체가 웃기지만 이왕 말이 나왔으니 대조해 보자. 아무리 왕이라고 하더라도 자기 어머니 회갑 잔치를 한다고 한양의 궁궐에서 수천 명의 사람들을 이끌고 먼 거리를 움직인다는 것은 먹고살기 힘든 뭇 백성들에게 민폐 아니었을까. 현 시세로 2억쯤 하는 가마를 타고 가는 왕의 어머니야 출출한 배를 채울 마음을 먹기 위해서도 쉬어 가자고 하면 그만이지만 가마꾼들은 무슨 고생이람. 잔치에 동원된 춤꾼, 노래꾼, 악사 등은 긴 연회가 끝날 동안 중노동에 시달릴 게 아닌가. 3대 세습 국가의 매스게임만 인권침해가 아니다.

얼마 전에 어느 군 대장과 부인이 병사를 사적으로 부렸다며 불거진 공관병 갑질 논란으로 대장은 보직에서 물러나 재판을 받았다. 물론 권한을 남용한 것으로 볼 수 없다는 결론이 났지만 요즘은 직무와 무관한 개인적인 일을 시키면 들고일어나는 세상이다. 혐의는 벗었지만 떨어진 명예는 어찌할까. 전직 대통령은 취임하자 친인척 비리 등을 사전에 차단하겠다는 의지로 형제들과도 연을 끊다시피 했다. 그럼에도 고초를 피하기 어려웠다.

지난 일은 당시의 시각으로 봐야 한다지만, 그래서 충과 효를 강조한 시절의 일이라 지금과 견주어 이야기하는 게 얼토당토않겠지만 그 시대를 겪지 않은 우리까지 '아름다운 우리의 문화'라며 계급사회의 잔재에 대해 자긍심을 강요당하는 것은 아닐까 하고 딴지를 걸어보는 것이다.

잔칫상에 넘쳐나는 온갖 음식들을 마련하기 위해 백성들의 노고는 또 얼마나 컸을까. 백성들은 평생에 한 번 먹어 볼까 말까 한 귀한 음식들이다. 편육과 저냐에 흐르는 기름기는 진상을 위해 허리끈을 동여매었을 각 고을의 김 서방, 박 서방의 눈물이었을 것만 같다.

오늘날의 김 씨, 박 씨들도 얄팍한 지갑을 열어 각종 세금을 내느라 허리가 휜다. 피눈물 같은 세금으로 관리들은 청기와집에서 십만 원짜리 호텔 도시락을 시켜 먹는다. 강원도 산불 진화에 동원된 남의 집 귀한 자식들인 장병들은 길거리에 앉아 철모를 벗지도 못한 채 가벼운 도시락에 목이 메었다. 그것에 비하면 빛나는 자리에서 하는 그들의 식사는 '반값 도시락'이라고 이름 붙이기에도 민망한 황제급 식사다.

본인 어머니 회갑 잔치를 거하게 치르고 나니 좀 뒤가 켕기긴 했나 보다. 인근 백성들에게 식량도 나눠주고, 몸소 죽까지 쑤어 맛도 보는 쇼까지 한 것을 보니. 수천, 수백 명에게 퍼주면서 선심을 쓰자면 어마어마한 세금이 들어갔을 것이다. 조선판 포퓰리즘이다. 각종 지원금에, 무상, 공공일자리 확대 등으로 선심 정치를 펴는 현세의 풍토는 뿌리가 깊은 역사적 전통이었구나. 자기 주머니에서 퍼주는 게 아니라 국민의 혈세로 펑펑 쓰는 것이 이상한 일이 아니구나.

잠시 돌아갔던 눈을 바로 세워야겠다. 삐딱한 눈으로 보니 과거나 현재나 온통 삐딱하게 보여서 계속 어깃장을 놓을 것만 같아서다. 옛날 신분 계급에 따른 노예의 근성을 버리지 못하고 지금도 은연중에 미련하고 못나게 살고 있는 것은 아닐까 싶어서 자신에게 마음보가 상했던 것이다.

정조 임금은 나도 흠모하는 왕이다. 그의 개혁정신이 그렇고, 효성이 그렇고, 애민이 그렇기 때문이다. 어머니의 만수무강을 빌며 잔을 들어 "천세, 천세, 천천세!"를 외치던 그 순간, 감회가 남달랐을 임금의 마음이 나의 살가슴*으로 파고든다.

---

* 살가슴 : 맨살이 드러나는 마음속 등의 뜻으로 충청도에서 쓰는 말. '꽃샘바람이 살가슴 속으로 파고든다.'처럼 쓴다.

줄 서기와 줄서기

오월의 블라디보스토크 날씨는 이곳 사람들의 높은 콧대만큼 사늘해 앙칼진 발톱을 숨기고 무심한 척하면서도 때때로 옷깃을 여미게 한다. 그러나 조용하면서도 생기가 느껴지는 아르바트 거리와 잔잔한 바다를 곁에 둔 해양공원은 이방인의 마음을 녹여준다. 사나흘 머물다 보니 마치 오래 거닐었던 곳처럼 정이 간다. 사람 사는 곳은 어디든 정 붙이고 살면 또 살게 되는 것은 아닐까 싶다.

이국에서 첫날 아침을 맞았다. 꼭대기 층의 경사진 창 너머 연한 하늘을 배경으로 뾰족한 지붕이 보인다. 섬세하면서 자유로운 양식은 낯설기도 하지만 설레게 한다. 오늘은 시베리아 열차를 타고 우수리스크를 다녀오기로 한 날이다. 돌아오면 늦은 시간이라 블라디보스토크 역으로 가는 길에 유명하다는 댑버거를 미리 주문하려고 들렀다. 가게 문이 열리지 않았는지 사람들이 길게 늘어서 있다. 아직 맛을 보기 전이지만 줄로써 유명한 버거 가게가 맞다는 것을 말해주는 셈이다.

문을 여는 시간이 지났는데도 웬일인지 문은 계속 열리지 않는다. 좁은 거리를 다니는 사람들의 통행에 방해가 되기도 해서 일행을 근처 작은 공원의 벤치에 앉아 있게 하고, 가이드만 버거 가게 앞에 줄 서 있기로 했다. 한참 지나 상황을 알아보기 위해 가게 앞으로 갔을 때 이곳이 한국의 어느 도심인지 러시아인지 잠시 헷갈렸다. 줄 서 있는 사람들은 거의 한국 사람이다. 한국 사람들의 맛집 사랑은 때와 장소를 가리지 않는다.

언뜻 조그맣게 붙은 메모지가 보인다. 오늘 개인 사정으로 한 시간 늦게 문을 연다고 적혀 있다. 열한 시는 우수리스크 행 열차가 출발하는 시간이다. 하는 수 없이 우수리스크를 먼저 다녀와야 하겠다. 그곳까지는 열차를 타는 시간만 왕복 다섯 시간 걸린다.

우수리스크 역 앞에서 고려인문화센터 쪽으로 가는 낡은 버스를 탔다. 노란 머리칼을 길게 늘어뜨린 젊은 여성이 복잡한 사람들 틈 사이로 다니며 20루블(한화로 400원 정도)을 받는다. 한 무리의 북한 노동자들이 탔다. 옷깃이 맞닿을 정도여서 힘을 주고 서 있었더니 목적지에 다다르자 팔다리가 뻐근하다.

브로다스카야 38번지의 최재형 고택과 수이푼 강가의 이상설 선생 유허비 등 독립운동의 발자취를 더듬고 오니 어둠이 깔리는 블라디보스토크 항에 초대형 크루즈가 들어와 있다. 부산에서 수천 명을 실어왔다더니 거리마다 깃발을 따라 줄 서서 다니는 사람도 한국 사람들이다.

다시 오전의 그 버거 가게에 도착했을 때도 여전히 가게 앞은 줄 서 기다리는 사람들로 붐빈다. 다행히 이동하는 도중에 전화를 걸어두어서 오래 기다리지 않고 수분 만에 안으로 들어갈 수 있었다. 2층으로 안내되어 주문을 하자 앙증맞은 깃발이 가운데 꽂힌 버거가 나왔다. 평소 즐기는 편은 아니었지만 꽤 괜찮다. 400루블(한화로 8천 원 정도)짜리 버거 하나로 일행의 얼굴에는 종일 걸었던 피로는 사라지고 포만감과 성취감까지 가득하다. 유라시아

쁘뜨리 언니

의 한 귀퉁이에 앉아 종일 기다려 맛본 버거에 대해 종알거리느라 은은한 조명 아래서 발그레 물들어간다.

허기를 면하자 댐버거가 아침과 저녁까지 줄 서 기다릴 만한 가치가 있었는지 자문해 본다. 그리고 나라 밖에서도 한정 없이 기다리는 인내심이 충만한 한국 사람들의 정서를 생각해 본다. 물론 정도의 차이는 있으나 다른 나라 사람들도 줄을 서기는 한다. 하지만 그들은 기다리는 시간을 '비슷한 생각을 공유한 사람들끼리 축제의 일원이 되어 연대감을 나누는 장'으로 여긴다. 그에 비해 한국인의 기다림은 성격이 다른 듯하다.

서울에 새로운 브랜드의 커피점이 들어서자 사람들은 커피 한 잔을 먹기 위해 다섯 시간을 줄 서서 기다리고, 이름난 회사의 전자제품이 새로 출시되거나 맛있는 음식점으로 알려지면 어디든 줄을 선다. 밤을 새거나 대행을 시켜서라도 목표하는 것을 얻기 위해 아낌없이 돈과 시간을 투자한다.

그뿐인가. 은행에서도 줄 서는 것을 대신하는 번호표를 뽑아 들고 기다리고, 반짝 세일을 하는 할인 마트에서도, 잘나가는 연예인의 연주회를 보기 위해서도, 스포츠 경기장에 입장하기 위해서도, 명절 귀성 열차표를 예매하기 위해서도 우리는 줄 선다.

하루 다섯 번의 기도를 생활 속에서 실천하다 보니 종교의식으로써의 기도가 아니라 생활 자체가 된 모슬렘처럼 꿇어 보니 우리는 일상에서 줄 서기를 셀 수 없이 하고 있다. 줄을 서는 유일한 동물답게 일상에서 반복적으로 하다 보니 마치 종교의식이라도 되는 듯이 줄을 선다.

생태학자 최재천 교수는 '줄 서기는 자기 순서를 알고 기다리는 것, 즉 사회 계약을 이해하고 준수한다는 전제가 깔린 행위'라고 했다. 이 말은 개인의 판단과 의지, 그리고 질서의식이 함께 녹아든 행동이라고 할 수 있다. 나아가 인스타그램이나 유튜브 등 영상 콘텐츠를 다루는 매체가 지렛대 역할을 하며 젊은이들의 경쟁적으로 인증하고자 하는 심리를 부추기는 것도 한몫한다. 그렇다고는 해도 끼니를 대충 때우며 바쁘게 사는 현대인들이 커피점 앞에 몇 시간씩 줄 서서 여유를 부리는 현실은 아이러니하다.

사회질서를 위해서나 생존을 위해 부득이한 경우라면 몰라도 커피 한 잔을 마시기 위해 겹겹이 서서 골목과 길을 가득 메우고 기다리는 사람들을 이해하기 쉽지 않다. 아무리 개인의 취향이자 선택이라지만, 또 놀이동산과 식당에서 줄을 서듯 자신의 '소확행'을 위한 것이라지만 건설적인 기다림으로 보이지 않는 것은 나의 이중적인 잣대 탓일까.

같은 문화권에서 살다 보면 생각도 비슷해지는가 보다. 누군가 좋다고 하는 곳에는 늘 긴 줄을 서야 한다. 몇 시간씩 줄 서서 기다리는 것조차 즐거운 놀이이고 가치 있는 경험이라고 생각하는 사람들에게는 그 자체가 소중할 수 있다. 그리고 그 경험을 나누고 간직하면서 살아가는 동력을 얻는지도 모른다. 줄의 길이가 물건이나 경험의 가치와 비례한다고 여기기도 할 테니 그것에 의미를 두는 것을 말릴 수는 없을 것 같다.

나 또한 의도하든 의도하지 않았든, 짧게든 길게든 줄을 선 경험은 셀 수 없으니까 꼬리를 물고 선 저들을 향해 미친 짓이라고 손가락질을 할 수 없다. 때로 길을 매우고 서 있는 무리로 인해 진로 방해를 받거나 할 일이 없어 보이고 오죽 열광할 게 없으면 저럴까 싶어서 측은하기도 하지만 하나의 문화 현상으로 받아들여야 한다면 그럴 수 있다.

어쩌면 잉태되는 순간부터 태어나 죽을 때까지 이러저러한 줄을 서야 하는 것은 인간의 숙명일지도 모른다. 질서를 위해서나 취향을 찾아 차례를 기다리는 것 말고도 생존을 위해서 받아들여야 하는 줄도 있기 때문이다. 그러나 줄을 잘 서야 한다는 말에는 기회를 잡기 위해서라면 어느 쪽으로 서야 하는지 선택을 잘해야 한다는 의미가 들어 있다.

목표를 이루기 위한 수단이라는 점에서 거리마다 길게 서는 줄이나 연줄로 은밀히 서는 줄이나 비슷해 보인다. 하지만 눈에 보이는 물리적인 긴 줄보다도 인간관계에서 이기적인 인맥을 논할 때의 보이지 않는 정서적인 줄이 나는 더 무섭다. 대개는 피도 눈물도 없는 처세의 방법으로 사용하는 말 같아서다. 이 경우에는 갖은 수단을 동원해 네 편이 잡고 있는 줄을 끊고, 자신이 선 '라인'은 동아줄이어서 영생할 듯이 한다.

차를 운전하다 보면 나들목이나 출퇴근 시간에 밀릴 때가 있다. 차선이 한 줄일 때는 어쩔 수 없이 한 줄을 서야 하지만 두 줄 이상일 때는 어느 줄에 서면 조금이라도 빨리 갈까 하고 어수룩한 아줌마인 나조차도 궁리를 하게 된다. 그러니 어떤 줄에 서야 한때나마 권력과 명예를 누리고 부까지 쌓을 수 있을까를 살피느라 일부의 정치가와 사업가들은 오죽하랴. 가자미처럼 눈이 돌아갈 지경이다.

어쨌거나 '인생은 줄서기'이므로 줄을 잘 서야 한다. 그렇지만 철이 지나면 스러질 권력과 물질과 명예를 향해 줄서기를 하려

하기보다 취미생활 삼아 음식점이나 커피점 앞에 줄을 서서 즐기는 것이 차라리 인간적으로 보인다. 인생에서 주어진 기회를 놓쳐서는 안 되겠지만 기회만을 좇아 이리저리 왔다 갔다 하는 기회주의자는 되지 말지어다.

(2019. 5.)

손에 핀 장미

독서교실에 왔던 아이들이 수업을 마치고 집에 돌아갈 시간이다. 호기심 많은 아홉 살 윤이가 원고지를 누르고 있는 내 왼손의 네 번째 손가락 마디를 살짝 눌러본다. 나의 오른편에 서서 왼쪽 손을 만지는 행위는 보고 있는 글씨를 가려 방해가 된다. 평소에도 돌발행동을 곧잘 하는 녀석이라 '요 녀석, 꽤 거치적거리네.'라고 생각했다. 윤이의 행동을 예사로 여겼고 아이의 관심을 끈 내 손가락도 안중에 없었다.

아이들이 돌아가고 나서도 늦도록 일을 했다. 그런데 손이 스칠 때마다 뭔가 불편했다. 그제야 윤이의 관심사에 나도 관심을 갖게 되었다. 일손을 잠시 놓고 손을 펴보았다. 유독 왼손 네 번째 손가락 마디가 부은 채 붉게 변해 있고 만지면 통증도 있었다. 나의 일부이면서도 미처 눈치채지 못했는데 아이의 눈에는 띄었던가 보다. 아이의 지나가는 몸짓일지라도 의미가 담겨 있다는 사실을 깨닫자 내 무심함에 고개를 젓는다.

사람들은 왜 자신의 일이라고 느껴야만 사고가 열리고 행동을 하게 되는 것일까. 정신이 들자 그대로 무시하고 두다가 병을 키울까 봐 걱정되기도 하고, 큰 병이 아닌 걸 가지고 병원에 촐싹거리고 가기도 그렇고, 고민이 되었다. 날이 갈수록 지혜인지 고집인지 모를 결단력이 생기는데, 갈까 말까 망설일 때 후회를 덜 남기기 위해서는 가라는 것이다. 병은 키우지 않는 게 상책이라는 결론을 내리고는 날이 밝자 근처 정형외과에 갔다.

우리 동네에서 유일한 정형외과다. 그러다 보니 동네 사람들은 웬만히 큰 병이 아니고는 밖으로 나가지 않고 그냥 이곳에 간다. 나도 이 동네에 터를 잡고 살면서 몇 번 간 적이 있다. 아들이 공을 차다 발목을 접질렸을 때 엑스레이를 찍거나 깁스를 하기 위해, 과도한 업무로 인한 어깨 통증으로 고통스러웠을 때 물리치료를 받기 위해서였다.

갈 때마다 느끼는 건데 참으로 궁금한 의원이다. 망하지 않는 이유가 무엇인지 말이다. 1층의 원장이 4층짜리 이 건물의 소유주라는 소문에 설령 배가 아픈 일부 사람들의 생각이라면 문제겠지만 주변의 이야기를 들어보면 침을 튀기며 한 입처럼 같은 말을 한다. 동네 장사는 입소문이다. 그런데 이렇듯 흉흉한 '입인심'에도 이 의원은 오래도록 같은 자리에서 환자를 받고 있다. 푹 꺼진 의자에 앉아 더딘 호명을 기다리자니 두꺼비의 느린 걸음걸이가 연상된다.

이 의원에는 늙은 의사와 나이 많은 간호조무사, 그리고 인생을 살만큼 산 물리치료사가 각각 한 명씩 있다. 의사는 팔십 전후로 보인다. 키가 작고 배도 적당히 나왔으며 이마도 벗겨졌고 머리칼도 허옇다. 늘 눈은 게슴츠레하고 목소리 또한 탁하면서도 경상도 사투리를 투박하게 사용한다. 진료실 창가 쪽 바닥에는 난 화분이 줄지어 빼곡히 있긴 한데 대부분 잎이 마르고 성한 것도 한 뼘을 넘지 못해 난의 본디 고귀한 기운은 찾을 수 없다. 의사가 입을 내밀고 턱을 빼들어 미간을 찌푸린 채 가운뎃손가락으로 자판을 더듬더듬 치고 있을 때 나는 고개를 돌려 가련한 난들을 바라보았다.

간호조무사는 육십이 넘어 보인다. 의원에 소속되어 있는 사람이라는 것을 나타내는 연하늘색 근무복이 아니라면 영락없는 촌 아지매다. 짧은 파마 머리칼, 거뭇한 기미를 감추듯 분칠한 얼굴에 웃음기라고는 찾을 수 없다. 서비스 업종과는 거리가 먼 뚝뚝한 말투까지 불친절대회가 열린다면 아마 1등은 따 놓은 당상일 듯한 조건을 갖추었다. 접수대 앞에 서면 눈길도 주지 않은 채 첫마디가 "이름이 뭐예요?"로 시작한다. 인사라는 개념을 모르는 것 같다. 마우스를 우악스럽게 쥔 마디가 굵고 느릿한 손에 눈길이 간다.

환자 접수를 마치면 고무장갑을 끼고 걸레를 들고 왔다 갔다 하기도 하고, 환자 엉덩이에 주사를 놓기도 하고, 원장의 부름을 받고 들어갔다 나오면 입을 실룩이며 어깨를 으쓱하기도 한다. 오자로 약간 휜 다리로 이쪽저쪽 왔다 갔다 하며 여러 가지 일을 혼자 도맡아 한다. 왜 촌 아낙 같은 간호조무사가 이곳에 있는지 알만하다. 얼핏 봐도 어지간하고 젊은 사람은 견디기 어려운 근무 여건인 듯하다.

이 의원에서 일하는 세 명 중 두 명이 불친절하기 짝이 없다. 이곳은 몸의 병을 고치러 왔다가 의사와 간호조무사 때문에 마음의 병을 얻어 나가기 좋을 듯하다. 그런데도 망하지 않고 지금껏 동네 장사를 하고 있는 데에는 물리치료사 덕분이라고 사람들은 입을 모은다. 물리치료사는 체격도 좋을 뿐만 아니라 음성도 신뢰감을 주지만 무엇보다 의사의 처방에 따라 환자의 아픈 곳을 적절하게 잘 어루만져준다. 친절이 묻어나는 말은 덤이다. 다른 곳에서는 통상적일 법한 행위들이 이곳에서는 특별하다고 느껴진다.

오늘도 내가 하는 말을 못 알아듣고 몇 번씩 되물으며, 남의 아픈 곳을 마구 눌러 고통스럽게 하는 의사 때문에 슬슬 골이 났다. 엉덩이 주사를 맞을 때 바지를 엉덩이가 훤히 드러나게 쑥 내리지 않았다고 면박 주는 간호조무사 때문에 부아가 났다. 뼈 사진을 살펴본 결과 단순한 염증인 것 같다는 말에 그나마 위안이 되었다. 그렇지만 불쾌한 심사를 목까지 누르며 의원 문을 닫고 나올 때 쌩하는 문소리에 내 감정이 묻어 있었다.

돌아와 마음을 가라앉히고 다시 손을 펴본다. 그간 어제와 오늘처럼 내 손을 자세히 들여다볼 새가 있었던가. 당장 눈에 띄는 것만 좇고 사느라 정작 일상에서 중요한 역할을 하는 손에 대해 얼마큼 애정 어린 눈길을 주었던가. 폈다 오므렸다 하면서 보니 새삼 낯설다. 오래도록 나와 함께해 온 손인데 생경스럽다. 그런데 어디서 본 듯도 하다. 아, 간호조무사의 우악스러웠던 손, 마디가 굵고 느린 손.

이제 보니 내 손 역시 예전의 탱탱한 손이 아니다. 세월 따라 몸도 자연스레 변화하고 의식도 바뀌었다. 정형외과도 처음 개원할 때는 신박한 시설에 종사자들도 패기 넘치고 손발이 재발랐을 것이다. 그러나 시간의 흐름 속에 시설도 한물가게 되었고 의사도 노쇠해졌다. 나는 지금 세월의 속성을 간과한 채 환자의 입장에서만 그들을 의사와 간호조무사로 바라보고 있다. '현재'의 관점에서 의원 관계자라면 한결같은 서비스를 환자에게 제공하는 것이 마땅하다고 우기는 격이다.

눈을 보고 구백 냥이라고들 하지만 나의 경우는 손이 구백 냥 아닐까 싶다. 내가 지금 겨우 먹고사는 것도 손 덕분이다. 그렇다면 팔순, 이순의 의사와 간호조무사의 주름지고 굽뜬 손도 각자에게는 구백 냥이지 않을까. 물건은 오래될수록 감가상각이 되지만 손으로 이루어 놓은 것들은 유무형의 자산으로 남을 수 있다. 의원이 오래도록 건재하는 남모를 비결도 이런 숨은 저력 덕은 아니었을까. 그들의 현재 모습은 어쩌면 머지않은 날의 나의 모습일지도 모른다.

    구부렸던 손을 활짝 펴자 손가락 마디마다 장미꽃이 핀다. 꽃잎이 생화처럼 선명하거나 매혹적이진 않지만 나의 삶이 고스란히 새겨진 무늬, 나의 과거가 그대로 담긴 꽃송이. 주먹을 쥐거나 분주히 일을 할 때는 볼 수 없었던 손마디 장미는 내가 손을 펼쳐야만 수줍게 핀다. 통증이 있는 네 번째 손가락 마디는 붉어서 더욱 고혹적이다. 마치 고통이 따라야 인생도 아름다워질 수 있다는 듯이 보인다. 울타리에 핀 장미와 같은 향기는 아니지만 볼수록 곰삭은 향내가 난다.

(2019. 6.)

묵직한 군번표

남매가 생활하고 있는 투룸에 다니러 왔다. 아들이 마지막 동원 훈련에 다녀온 후 세탁해 널어놓은 군복이 말라 있다. 따로 보관을 하기 위해 정리를 하다 금속성 소리가 나서 서랍 속을 들여다보았다. 군번줄에 걸린 인식표 두 개가 내는 소리였다.

일반인으로 살아가노라면 중요하지 않을 수도 있는 네 가지 간단한 정보가 강하게 눈에 박힌다. 순간 마음이 짠해온다. 막상 아들이 현역이었을 때는 느끼지 못했던 슬픔과 안도 등의 여러

감정이 가슴 밑에서 올라온다. 아들이 제대한 지 몇 해가 지난 이 순간에서야 비로소 한기 같은 전율이 몰려온다.

  짧은 네 줄로 된 정보 중에 특히 혈액형이 나를 붙잡는다. 한 사람을 나타내는 수많은 정보 중에서 군번표에 혈액형을 새기는 것이 무엇을 의미하는지 알기 때문이다. 그래서 아들의 인식표가 다른 데에 쓰이지 않고 이 자리에 온전히 있다는 사실에 안도감을 넘어 몸소름이 돋는다.

  아들의 전역과 함께 지니고 온 후 서랍 안에 오래된 유물처럼 간직되어 있는 인식표를 보자 심장 뛰는 아들의 존재가 새삼 더욱 귀하게 느껴진다. 약간 허술해 보이는 스테인리스 인식표지만 어떤 보석보다도 값져 보인다. 잔 흠집이 나 있어도 아들이 힘든 시기를 지나올 때 한 몸 같이 견뎌내면서 대신 얻은 상흔 같아 고맙기까지 하다. 가벼운 금속에 불과하지만 수호신으로서의 구실을 했을지도 모른다.

  내가 군번표를 처음 본 것은 사십여 년 전에 오빠가 휴가 나왔을 때였다. 군용 러닝 차림에 군번표를 목에 걸고 다니던 모습이

군인의 상징 같아서 멋있게 보였다. 짧은 머리의 오빠가 목걸이를 찰가당거리는 게 신비로워 언제쯤 목에서 풀어놓을지 기다렸다. 만져도 보며 자세히 들여다보고 싶었기 때문이다. 나의 바람과 달리 귀대할 때까지도 오빠는 목걸이를 풀어놓지 않고 대신에 알쏭달쏭한 말만 남겨놓고 떠났다.

인식표에 홈이 살짝 있었는데, 찌그러진 줄 알고 궁금해하는 나에게 오빠는 비장한 표정으로 말했다. "군인이 죽으면 홈을 위아래 치아 사이에 끼우고 궁둥이를 차서 박히게 한다." 36개월의 복무 기간을 마치고 올 때까지 나는 그 말을 머릿속에 굴리고 또 굴리며 오빠의 이 사이에 쇳조각이 박히지 않기를 가슴 졸이면서 바랐다.

그로부터 세월이 흘러 아들이 군 복무를 마치고 돌아왔지만 내게 군 생활은 여전히 호기심의 영역이다. 언뜻 명찰과도 같은 인식표에 내 마음이 머문 것도 어쩌면 미지의 세계에 대한 신비감과 두려움 때문일지 모른다. 물론 그때는 나도 어렸고, 대상이 열네 살 위의 오빠였다. 하지만 지금은 전사해도 이 사이에 홈을 박지 않는다는 사실을 알만큼 시간의 강을 건너왔고, 대상 또한 아들이라는 것이 다른 점이다.

이즘의 복무 기간은 예전에 비해 많이 줄어 시쳇말로 '들어갔는가 하면 어느새 나온다.'는 21개월이지만 젊은이들은 내가 느낀 두려움과는 다른 성질의 두려움과 맞닥뜨릴 것이다. 탈 없이 복무를 마치고 가족의 품으로 돌아가고 싶은 소망을 품고서 젊은 목숨을 담보로 한다. 그러나 군번줄에 자신의 최소한의 정보를 담은 인식표를 달고 생활할 때는 '만일'이 실감나지 않을 수도 있다. 그렇지만 늘 죽음을 목전에 두고 보이지 않는 적과, 때때로 자신과 싸우며 목숨줄을 지켜내었을 것이다. 본인들의 가슴 속 절박함을 어미인들 짐작이나 할 수 있을까.

인식표를 손 위에 올려놓고 말없이 어루만진다. 차갑고 딱딱한 무생물인데 생명이 깃들어 있는 듯하다. 아들같이 여겨진다. 아들의 군번표를 들여다보면 잠시라도 다른 욕심을 부리는 것은 사치 같다. 묵묵히 의무를 마치고 돌아와 훈장을 모셔놓듯이 인식표를 간직하며 새로운 미래를 꿈꾸는 젊음을 보는 것만으로도 벅차고 감사하다.

아들 방에서 발견한 인식표에서 비롯된 나의 배부른 감상이 낯부끄러운 일일 줄이야. 한국전에 참전했다가 평북 운산전투에서 전사한 미군의 인식표가 지난해에 미북정상회담 후 68년 만에 조국으로 돌아갔다. 당시 두세 살이었던 두 아들이 일흔이 넘어서야 얼굴도 기억하지 못하는 아버지를 곳곳이 부식된 인식표로 마주했다. 아버지의 부재로 고난의 세월을 건너왔을 테지만 인식표로나마 돌아오신 아버지의 애국심과 헌신이 자랑스럽다고 했다.

남의 나라 전쟁에서 산화한 고귀한 희생과 개인의 아픔을 애국심으로 등치시키며 아버지를 자랑스러워하는 모습을 보며 고맙고 부끄러워서 얼굴을 들기 힘들다. 내 나라를 지키는 일에도 아들의 목숨을 아까워한 자신이 낯없다. 부식된 이방인의 인식표 앞에서 고작 인식표의 작은 생채기를 애달파한 내가 낯부끄럽다. 자신들의 권력을 유지하기 위해 전우애를 불태웠던 우방을 능멸하는 자들 때문에 고개를 들 수 없다.

가분한* 인식표의 존재가 묵직하게 다가온다.

(2019. 7.)

---

* 가분하다 : 들기 좋을 정도로 가볍다.

품앗이

웅숭깊고 맑은 물이 사철 흘러내리던 양뱅이에는 고만고만한 집이 열 가구 정도 살았다. 그러다가 빈집이 한둘 생겼다. 여자들만 살던 윗집 후남 언니네가 이사 가고, 구석진 곳에 살던 붙들이 언니네가 이사를 갔다. 얼마 지나 빈집은 동네 어른들에 의해 흙더미가 되었다. 우리 미나리꽝이 있는 동네 아래쪽에 살던 석환 오빠네도 이사를 갔지만 그 집으로 내 친구네가 옮겨서 살았다. 또 도랑 건너 동표네도 이사를 갔지만 그곳에는 전라도에서와 남의 집 누에 창고에서 살던 네 식구가 옮겨가 살았다.

조금 술렁였지만 마치 테트리스 게임처럼 이리저리 꿰맞추고 나자 동네는 안정을 되찾았다. 여덟 가구 정도가 남은 셈인데, 그래봤자 동네에 일이 생겼을 때 일손을 보탤 수 있는 사람은 서넛에 불과했다. 가장의 절반이 연로하거나 병약했기 때문이다.

'동네의 일'이라는 게 혼자서는 감당하기 벅찬 일이어서 다른 사람의 도움이 필요했다. 우리 동네에서는 주로 초가지붕을 얹을 때나 잔치를 앞두고 돼지를 잡을 때, 그리고 상을 당했을 때 상여를 꾸미거나 상여를 매는 일에 동참하는 것 등이었다.

작은 동네였지만 사람이 살면서 일어날 법한 일은 예기치 않고 찾아왔다. 물론 잔치가 열리거나 초가지붕을 얹는 일은 미리 날을 잡아 하지만 병석에 있던 앞집 어른이 돌아가셨다는 비보는 어느 날 갑자기 전해졌다. 잔치 준비와 초가지붕을 이는 일은 동네에서 감당이 되는 일이다. 그러나 한 인생을 마무리하는 장례 준비는 상여꾼도 필요한 일이라 이웃 마을의 도움까지 필요했다.

그뿐 아니라 바쁜 농사철에는 부지깽이의 힘이라도 빌린다고 했듯이 장례 준비에는 어린 우리들까지 손을 보태야 했다. 어른들은 큼직한 일을 하고 자잘한 일은 우리에게 맡겼다. "아가야, 너는 글씨체가 좋으니까 봉투에 주소 적는 일을 해라." 어쭙잖은 나도 큰일에 낄 몫이 있다는 것에 고무되어 무릎을 꿇은 자세로 바닥에 엎드려 수많은 부고 봉투에 주소를 적었다. 긴 시간 동안 색색의 얇은 종이로 상여에 달 꽃을 셀 수 없이 접는 일도 우리 몫이었다.

내가 열 살쯤 우리 집의 초가지붕을 새로 이는 날이었다. 나의 손까지는 필요하지 않았던지 학교에 갈 때 어머니는 별다른 말이 없었다. 하지만 나는 얼른 집으로 돌아가고 싶어 반공일마저 길게 느껴졌다. 평소에 다니던 신작로를 두고 영일이네가 사는 안양뱅이 쪽 산을 넘어서 갔다.

따사로운 봄날에 우리 집은 동네잔치가 열린 듯 흥겨움으로 부풀어 있었다. 내가 땀으로 범벅되어 마당에 이르렀을 때 헌 짚은 이미 다 벗겨내고 새 짚으로 갈아입히는 중이었다. 아저씨 한 분은 마당에서 짚을 엮고, 다른 한 분은 이엉을 지붕으로 올려주고, 또 다른 분과 아버지는 지붕 위에서 솜씨 좋게 짚을 돌리고 있었다. 동네 아주머니들은 부엌과 마당에서 음식을 마련하느라 손이 바쁜 중에도 얼굴은 즐거워 보였다. 기름내가 온 동네를 돌고, 엄마를 찾아 모여든 동네 아이들도 입에 전을 넣으며 신이 났다.

새로 지붕을 이은 얼마 후 큰오빠가 장가를 갔다. 시골 살림이라도 맏이의 혼사를 치르자니 돼지 한 마리쯤은 잡아야 했을 것이다. 요즘처럼 냉장시설이나 유통이 잘 되는 시절도 아니어서 엄마는 잔치에 앞서 일찌감치 흑돼지 한 마리를 사다 길렀다. 잔치 전날에 돼지를 잡기 위해 동네 아저씨들이 우리 집 마당으로 모였다. 악을 쓰며 버둥거리는 돼지를 다루는 일은 보통 어려운 것이 아니었다. 그러나 여럿이 힘을 합쳐 결국 돼지는 내가 지금껏 잊을 수 없는 멱따는 소리를 남기고 잔칫상에 올랐다.

그로부터 수십 년이 흐르는 동안 살이 방식은 많이 바뀌었지만 지금도 서로 돕고 살아야 할 일이 많다. 어린아이를 둔 가정에서는 사정이 생길 때 서로 돌봐준다거나 결혼식과 장례식에도 부조를 하면서 마음을 나눈다. 물론 이런저런 인연으로 나 몰라라 할 수 없는 혼례와 장례가 자주 있어 부조금으로 나가는 돈이 만만찮을 때도 있다. 그렇지만 함께 나눈다는 공동체 의식은 여전히 남아 있다.

요사이 새로운 품앗이 때문에 세상이 들썩하다. 법무부장관 후보인 조국의 딸 논문에 관한 기사가 언론을 도배하고 있다. 자격이 없는 고등학생이 의학지 논문의 제1 저자가 되어 대학 입학의 발판을 삼았다는 것이다. 내막을 들여다보니 부탁을 받은 교수에게도 아들이 있었고, 교수인 학부모끼리 서로 자기 자식들을 위해 편의를 봐주는 품앗이를 했다고 한다.

얼마 전에 인기를 누리던 '스카이 캐슬'이라는 드라마가 있었다. 원래 드라마의 속성이 시청자를 끌기 위해 자극적인 요소를 품는 것은 불가피한 측면도 없진 않다. 그런데도 있는 집 부모가 자식을 유명 대학에 보내기 위해 별짓을 다하는 드라마의 내용에 말세라며 혀를 찼었다. 드라마일 뿐 설마 현실에서 저렇게까지 하려고…. 하는 말로 위안을 삼기도 하는 분위기였다.

그러나 이번에 고구마 줄기처럼 세상 밖으로 나오는 조 후보 딸에 관련된 내용을 보노라면 드라마는 약과였다는 생각이 든다. 드라마는 현실의 일부분일 뿐, 현실이 더 드라마틱하다. 자식이 잘되기를 바라는 부모의 마음은 없는 집이든 있는 집이든 다르지 않을 것이라 나도 자식을 둔 사람으로서 근원적인 욕망을 탓할 자신은 없다. 그렇지만 그 욕망이 어디를 향하고 있는가는 따져볼 필요가 있다.

우리네 조상들로부터 면면히 내려온 품앗이는 공동의 선에 초점이 맞추어져 있다. 초가를 얹는 일에 동참해 한 집안을 이롭게 하고, 살겠다고 버둥대는 돼지를 잡는 일에 눈감고 덤빈 것도 첫 혼사를 치르는 이웃의 손님맞이가 원활하기를 바라서였다. 하지만 사사로운 욕심 때문에 당찮은 사람이 논문의 주요 저자가 되고, 남들은 밤새워 공부해도 꿈꾸지 못할 학교에 식은 죽 먹듯이 옮겨 다니고, 유급을 당하고도 장학금을 수차례 받는 등의 행위는 정의롭지도 않고 공정하지도 않은 일이다. 입만 열면 정의와 공정을 노래 부르던 후보이기에 논란의 중심에 서고 학생과 학부모들의 분노를 불러일으킨 것은 아닐까.

진정한 품앗이라면 힘든 일을 서로 거들어 주는 과정에서 공동의 선을 추구해야 한다. 자신의 이익만을 챙기기 위해 누군가에게 해를 준다면 품앗이의 모양새를 떨지라도 범죄가 된다. 무엇보다 서로 도와주면서 품을 지고 갚는 일은 흥겨워야 한다. 뒷거래 하면서, 남의 이익을 가로채면서 하는 나눔은 몸 안에 바늘을 두는 격일 듯하다.

(2019. 8.)

소망과 욕망 사이

나에게는 오래된 소망이 하나 있다. 키가 최소 5cm만 더 컸으면 하는 거다. 이 소망은 철이 든 후에 이런저런 노력을 통해서도 이루기 어려운 물리적인 한계를 지니고 있다. 가끔 입버릇처럼 "내가 5cm만 더 컸어도 내 인생이 달라졌을지도 모른다."라고 할 정도로 나에게는 절실하지만 이룰 수 없는 바람이다.

야속하게도 나는 열서너 살쯤에 성장이 멈추었다. 이후 내 눈높이만큼의 세상만 볼 수밖에 없는 듯해 한정된 키 너머에서 볼 수 있는 세계를 동경했다. 게다 키가 큰 사람이 부럽다 못해 오르지 못할 나무인 것만 같아 시기심까지 들기도 하였다. 지금 생각하면 세상에는 자신의 힘만으로는 어쩔 수 없는 일도 있는데 그 사실을 쉽게 받아들이지 못하고 나는 지금껏 부딪치며 살고 있다.

해묵은 소망은 세월이 흘러도 사그라들지 않고 오랫동안 내 안에서 결핍이라는 또 다른 영역을 잉태했나 보다. 결핍은 아귀와 같은 식성으로 몸피를 키워 오다 어느 순간에 튀어나온다. 팔월 중순에 '어느 순간'은 다가왔다.

옷장에 옷이 그득한데도 차리고 나가고 싶어서 보면 마땅히 입을 옷이 없고, 신발장에 신은 가득한데 갖춰 신고 나갈 신이 없다. 딸의 석사 학위 수여식 때 입을 옷을 고민하다 저렴이*를 새로 준비하면서 구색을 갖춘다는 핑계로 신발까지 구경하였다. 그러다가 자신도 모르게 8cm 굽의 워커를 주문해 버렸다. 같은 디자인의 4cm 굽도 있었지만 오래 눌러 두었던 소망이 부풀대로 부푼 탓에 성에 차지 않았다. 딸이 2년간 병원 일과 학업을 병행하며 어렵게 맞는 자리다. 그런데 마치 나의 일인 듯 고무되어 새 날개를 단 김에 보다 높이 서 보고 싶었던 심리가 발동했던

---

* 저렴이 : 저렴한 상품을 귀엽게 이르는 말.

것도 같다.

결혼 이전에는 맵시를 따져 힐도 신었지만 삶의 모양에 따라 신발의 모습도 맞춤하게 서서히 달라졌다. 동동거리며 살다 보니 키에 대한 불만을 잊은 채 멋보다는 발의 편안함을 추구해 늘 낮은 굽의 신발을 신어오던 참이다. 그런데 난데없이 수십 년 만에 8cm 굽이라니 근거 없는 자신감인지, 최후의 발악인지 모르겠다. 어쨌거나 워커 역시 저렴히 산 것이니 마지막으로 신어보자는 속궁리로 그날만을 기다렸다.

5cm만 더 컸으면 하고 소망했는데 갑자기 그 소망에서도 3cm나 더 커진 셈이니 높은 곳에서 세상을 보는 맛은 황홀했다. 일을 마친 후 늦은 시간에 서울을 향해 나섰지만 밤공기 속으로 퍼지는 또각또각 소리마저 경쾌해서 울산역으로 가는 발걸음은 구름 위를 나는 듯했다. 하지만 수서역에 내려 택시를 타러 가는 걸음부터 발에 무리가 오기 시작하였다. 택시에서 내린 후 아이들의 숙소로 가는 짧은 거리에서조차 암탉걸음인데 내일을 생각하자니 개운치가 않다.

딸도 옷에 맞춰 신발을 새로 장만해 두었다. 그러나 당일 이른 시간에 나설 때는 새 신발은 따로 챙겨 들고 편한 슬리퍼 차림이었다. 나는 별 수 없어서 8cm 워커를 신은 채 염려를 한가득 안고 따라나섰다.

아이들이 머무는 송파에서 수여식이 열리는 신촌까지는 택시, 지하철, 버스를 타고도 한참 걸어야 한다. 운동화 차림으로도 벅찬 여정이다. 소망을 이루기 위한 길은 만만하지 않다는 것을 깨닫기에 충분하다. 더구나 다양한 인연들과의 순간을 기념으로 남기고 싶어 하는 딸의 꽁무니를 따르며 넓은 학교 안을 누빌 것을 생각하니 앞이 캄캄하다. 축제 같은 수여식을 즐기기는커녕 온 신경은 편치 않은 발에 쏠렸다. 급기야 내 눈에는 사람들의 신발만 들어왔다.

미를 추구하는 여성들의 비애인가. 식이 열리는 대강당으로 오르는 계단에서 가운을 입은 채 앞서가던 여학생은 아예 맨발이었다. 딸도 이날을 위해 새로 산 신발을 신고 기념사진을 좀 찍고 다니더니 발이 아프다 한다. 발간 물집이 몇 군데 잡혔다. 나중엔 편하게 신고 왔던 슬리퍼로 갈아 신고 다녔다. 그러나 나는 8cm 굽 워커를 벗어던지고 맨발로 다닐 용기도 없고, 갈아 신을 슬리퍼도 없었다. 여전히 고통을 참으며 오래된 소망을 넘본 대가를 톡톡히 치렀다.

처음에는 작은 바람이었던 소망이 화학반응을 거쳐 점차 누리고 탐하고자 하는 욕망의 단계로 넘어갔던 게 화근이다. 소망은 개인의 영역으로 남아 있을 때 소박한 빛을 발한다. 하지만 개인의 통제를 벗어난 영역으로 넘어가면 욕망이라는 단계가 나온다. 욕망은 한 개인을 넘어뜨리기도 하고 타인에게도 적잖은 영향을 미친다.

소망이 욕망이 되어 패가망신하는 경우를 우리는 주변에서 심심찮게 보아오지 않았던가. 자녀를 이름 있는 대학에 보내고 싶은 바람이 관련 서류를 위조하는 등의 편법을 동원하는 욕망으로 변질되기도 한다. 서류 위조는 부정 입학이라는 검은 산물을 만들어내며 꼬리에 꼬리를 물고 더 큰 욕망을 부른다.

그간 분에 넘치는 욕망을 누르고자 무던히도 노력했건만 나는 한순간에 그 민낯을 드러내고 말았다. 다른 욕망으로 망신을 당하지 않고 8cm 굽으로 혼자 고통을 감내하고 만 것을 그나마 다행으로 여겨야 할까. 멋은 덜해 보일지라도 평소에 신념처럼 신어오던 편한 신을 신었어야 했다.

가을 햇살이 곱던 팔월의 끝자락에 치른 딸의 명예로운 수여식에서 철 지난 나의 소망이 지나쳐 낭패를 보았다. 보통 사람의 소소한 과욕일 수 있지만 돌이켜 보니 기쁜 날의 옥에 티인 것만 같아 어쩐지 낯이 붉어진다.

(2019. 9.)

공짜가 뭐길래

예전에 옆집에 살던 할머니는 난전에 가면 상인과 흥정 끝에 매번 같은 말을 했다. "이만하면 되지?" 하면서 상인의 말은 들어보지도 않고 어느새 자신만의 셈법으로 값을 치렀다. 함께 사는 아들의 벌이가 안정적이어서 어느 정도 살만한 할머니다. 그런데도 시장에서뿐만 아니라 일상생활에서도 에누리, 공짜, 무료 마인드가 몸에 배인 듯한 언행을 하는 것을 종종 목격했다.

옆집 할머니만 그런가 했는데 이웃 할아버지도 물건값을 깎기 좋아하고 무료를 좋아했다. 마트에서 물건을 살 때 '많이 샀는데 깎아주지 않냐, 끼워주는 거 없냐.'고 한다. 사회적 지위도 있고, 소득도 적지 않은 점잖은 분이다. 물건값을 깎는 이유를 궁금해했더니 '그냥 세상 사는 재미 같아서'라고 했다. 말뜻을 얼른 수긍할 수는 없었지만 평소의 품성으로 보아 그분이 물질적인 욕심 때문에 그런 것은 아닌 듯했다.

그 당시 나로서는 가진 사람들이 더하네, 어르신들이 무슨 욕심들이 저렇게 많을까, 하는 생각이었다. 그런데 근래 내 언행과 심리를 가만히 들여다보면 예전의 그 어르신들의 모습을 답습한 것처럼 겹친다. 큰 욕심도 없으면서 무료, 공짜를 바라는 마음이 전보다 강해졌다는 것을 느낀다. 아직까지 속마음을 입 밖으로 뱉는 상태까지는 아니지만 위험 수위에 다다른 건 확실한 듯하다.

내가 사용하고 있는 스마트폰은 2년 전에 서울에서 구입했다. 바꿀 계획이 있었는데, 딸의 근무처와 관련하여 가족 할인 행사를 한다기에 올라간 김에 바꾼 것이다. 2년 정도 쓰면서 불편한 점은 별로 없는데 액정 필름에 상처가 나고 누래져서 필름을 바꿔야겠다는 생각을 하게 되었다. 하지만 기능상 문제가 있는 것도 아니고 해서 하루 이틀 미루던 참이었다.

그러다 며칠 전에 외출에서 돌아오는 길에 집 근처의 전화기 매장 앞을 지나게 되었다. 마침 잘됐다. 그런데 매장 문으로 들어서기 전부터 내 머릿속에서는 불꽃이 튀었다. 이 매장에서 전화기를 산 고객은 아니지만 잠재적인 고객이므로 필름 정도는 서비스로 해줄 것이다. 전에도 전화기를 산 매장에서 '액정 필름은 무료로 교체해 드릴 테니 언제든 들르세요.'라고 했잖은가. 무슨 소리, 세상에 공짜가 어디 있나? 상반된 생각들이 엉클어졌다. 이 복잡한 심사는 어쩌면 이전에 액정 필름을 갈아야겠다고 마음먹은 때부터 시작되었던 것도 같다.

출입문에서부터 몇 걸음을 걸어 데스크에 있는 직원 앞에 멈춰서야 생각 싸움도 멈췄다. 혹시나 액정 필름 정도쯤은 서비스로 해줄지 모른다는 기대를 여전히 저버리지 못한 상태로 잠정적인 결론을 내렸다. 내 입에서 "액정 필름을 바꿀 수 있지요?"라는 애매한 말이 나왔다. 매장 직원은 공짜인가, 유료인가로 혼란스러운 내 의중을 간파한 것일까. 짧은 시간차를 두고 "네."라고 대답을 했다. 그러고는 매장 한쪽에 케이스와 필름 등이 걸려 있는 곳으로 느리게 걸어가서 필름을 골랐다. 내 전화기 기종에 맞는 필름을 빨리 찾지 못하고 다른 직원을 큰 소리로 불러 "갤럭시 8+ 필름 어디 있어요?" 하고 물었다.

급할 것 없는 직원 행동을 가만히 보니 나를 공짜를 바라는 사람으로 여기는 것 같다. 뜨끔해진 나는 딴청을 피우듯 서둘러 "요즘은 필름 바꾸는 데 얼마인가요?"라고 물었다. 직원은 기다렸다는 듯이 빠르게 답했다. "오천 원입니다." 그제야 기종에 맞는 필름을 찾고, 액정을 닦고, 새 필름을 입히는 직원의 행동이 빨라졌다.

새로 필름을 갈아 매끈해진 액정을 쓰다듬으며 새 전화기 같다는 생각을 했다. 오천 원짜리 필름 하나로 분위기가 바뀐 것에 매우 흡족했다. 돈이 좋긴 좋구나. 그렇지만 조금 전까지만 해도 싸움질을 해댔던 내 마음을 곰곰이 되짚어보았다. 옆집 할머니와 이웃의 할아버지가 공짜를 좋아하는 것을 보면서 나는 늙어서 저러지 말아야지, 하면서 경계를 했건만 늙기도 전에 먹은 마음도 없이 슬그머니 내 안에 들어와 앉은 공짜바라기를 어쩌면 좋으랴.

나는 왜 무료를 당연하게 생각했던 걸까. 남의 노동력은 공짜가 아니라는 것을 잘 알면서도 희한한 공짜의식이 어느 결엔가 내 속에 자리 잡고 있다는 사실에 놀랐다. 어쩌면 나도 늙어가고 있다는 반증이 아닐까. 공짜를 밝히는 듯한 말을 하느냐, 하지 않느냐 차이는 젊은 사람이냐, 나이든 사람이냐 차이 같아서다. 젊어서는 하지 못했던 말을 점차 모르는 사람에게도 잘 아는 듯이 스스럼없이 건네는 것도 같은 맥락일 것 같다.

세상에 공짜는 없다는 말을 누구나 쉽게 한다. 그러나 정작 자신의 깊숙한 곳에 공짜를 싫어하는 마음을 가지고 있지 않은 사람도 드물 것이다. 속내를 드러내지 않을 뿐 공짜와 무료와 서비스를 바라는 사람의 마음은 비슷할 테니까. 그럼에도 공짜를 바라는 마음은 드러내는 순간 탐욕스러운 인간으로 비춰지기 쉽다. 소소한 공짜라도 호환마마 대하듯 해야 뒤탈 없이 그나마 품격을 유지하며 살 수 있을 듯하다.

(2019. 10.)

내가 너였더라면

'입장을 바꿔놓고 생각해 보라.'는 말을 참 쉽게 한다. 나도 지금까지 다른 사람들에게 많이 써먹은 말이다. 그러나 의미를 곱씹어보면 그리 쉽게 할 수 있는 말은 아닌 듯하다. 상대방의 입장과 생각을 이해하지 못하고는 쉽지 않은 일이기 때문이다.

지인과 새로운 일을 하나 시작하면서 그에 맞는 명함을 만들기로 했다. 그 일을 지인이 맡아서 하기로 했는데, 명함 제작을 의뢰한 지 며칠이 지나도 진척이 없는 듯해 보였다. 사정을 들어

보니 담당자가 디자이너로서 재치가 좀 부족한 것 아닌가 싶었다.
 직접 만나 우리의 요구를 자세하게 설명하는 것이라면 큰 문제가 없을지도 모른다. 하지만 인터넷으로 의뢰를 하는 것이어서 전화와 메일로 의견을 나누고, 홈페이지에서 시안을 확인하는 과정을 여러 차례 반복해야 했다. 그 과정에서 의뢰인인 우리의 요구사항을 속 시원히 알아채지 못하고 남의 다리를 긁고 있다는 느낌이 들었다.
 고작 명함 200장을 만드는 일이다. 다른 큰 작업에 비해 크게 어려움이 있는 작업이 아닌 듯한데 일이 더뎠다. 결국 지인이 맡아하던 일을 내가 떠맡게 되었다. 그간 여러 차례 조율을 통해 어느 정도 모양새를 잡아놓은 덕분인지 약간만 더 보완하면 될 것 같았다. 마지막 수정단계라고 생각하고 글자의 크기와 위치를 조율한 뒤 최종 시안이 홈페이지에 올라오기를 기다렸다.
 특별히 애착을 가지고 만드는 것이라 기대감이 컸다. 최종 시안만 확인하면 이제는 바로 인쇄만 하면 되는 것이니까 우리 선에서 할 수 있는 일은 거의 끝난 셈이다. 그러나 최종 시안을 보고 실망이 컸다. 우리가 강조해서 말한 부분을 디자이너가 분명히 수용했음에도 제대로 반영되어 있지 않아 허탈감과 짜증이 몰려왔다.

그동안 일이 더뎠던 이유를 알 것 같았다. 어쨌거나 마무리를 해야 하니 이제 '정말로' 마지막 수정에 들어갔다. 그러고는 최종 시안을 확인한 후 '주문'을 클릭했다. 의뢰를 한 지 거의 일주일 만에 드디어 명함을 인쇄하기에 이르렀다.

별것 아닌 것 같은 일에 너무 힘을 뺏기고 나니 자신의 일에 전문성을 갖는 것이 얼마큼 중요한지 다시금 생각해 보게 되었다. 지인과 나는 '디자이너가 초보가 분명하다, 저렇게 남의 말귀를 알아듣지 못하면서 어떻게 일을 할 수 있을까, 담당자를 바꿔 달라고 책임자에게 말해야겠다.'며 흥분하기도 했었다.

우리 입장에서는 조금이라도 잘 만들고 싶은 욕심이 있었던 것이다. 그러다 보니 이게 마음에 안 든다, 저게 어떻다 하면서 수차례 전화하고 '고객의 소리'를 남기기도 했다. 그런데 '최종 확정'을 하던 날, 빨간색으로 강조된 '확인 내용'이 눈에 들어와서 보다가 디자이너 입장을 돌아보게 되었다. '확인 내용'에 의하면 시안 수정은 3회까지인데 우리는 이미 8회까지 수정을 요청했다고 한다. 시안 수정을 더하게 되면 별도의 비용이 더 발생할 것이며 앞으로도 참고해 주기 바란다, 이런 내용이었다.

우리는 디자이너가 우리가 요구한 것을 자꾸 놓치고 센스도 없고 일을 제대로 못하는 바람에 재수정을 요청한 것이니 우리로서는 정당한 요구였다고 생각했다. 말이 너무 통하지 않고 직무를 수행하기에 부족한 점이 너무 많다고 여겼기 때문에 어쩌면 알량한 고객 입장에서 보상 심리가 작동한 것인지도 모른다. 고객이 원하는 것을 이토록 모를 수 있을까. 척 하면 쿵 하고 알아먹어야 하는데 답답하기 이를 데 없다고만 생각했다.

그런데 담당자 입장에서 우리를 생각해 보았다. 겨우 명함 200장을 주문하면서 이렇게 해달라, 저렇게 해달라 하면서 일주일 정도 애를 먹이는 진상고객이지 않았을까. 우리가 원하는 명함의 조건을 디자이너가 충분히 이해하기엔 한계가 있는 주문 방식이 아니던가. 처음부터 제대로 된 디자인을 구상하고 의뢰를 했더라면 소소한 것만 수정하면 되었을 것을. 어쩌면 명함 한 장 만드는 일을 쉽게 생각하고, 막연하면서도 안일하게 시작한 것은 아니었을까.

우리의 시간이 소중하다면 담당자 시간도 소중한 것이다. 인간이란 자신을 위주로 세상을 바라본다지만 이렇게 '나 중심적 사고'에 빠져 있었다니. 일주일을 돌아보니 상대방에게 못 할 짓을 한 것 같아 부끄러움이 밀려온다. 명함을 대할 때마다 디자인 때문에 그간 고심했던 일들과 담당자에 대한 미안함이 되살아날 것 같다.

(2019. 12.)

불후의 명작

　모아놓은 세탁물이 많지 않아 양말을 손빨래했다. 널다 보니 양말 뒤꿈치가 탁구공만 하게 구멍이 나 있다. 양쪽 모두 구멍 난 줄도 몰랐다. 요즘에는 옷과 양말 등을 해지도록 입을 일이 별로 없어서 구경거리가 생긴 것처럼 양말에 난 구멍 속으로 손가락을 집어넣고 들여다본다. 구멍 저 너머에 흑백 드라마의 한 장면이 펼쳐지는 듯하다.
　밖에는 함박눈이 끝없이 내린다. 한쪽에 들여놓은 화로 덕분에 방 안은 훈훈하다. 엄마는 화롯가에 앉아 바늘귀를 찾느라 실눈을 뜨기도 하고 턱을 들기도 하면서 양말을 깁고 있다. 이미 앞꿈치를 덧댄 양말의 뒤꿈치에 달걀만 하게 구멍이 나 있다. 두어 무릎걸음쯤 떨어진 자리에서 아버지는 대바늘로 뜨개질에 여념이 없다. 헌 옷을 푼 알록달록한 실을 모아 엄마의 겨울 속바지를 짜고 있는 중이다.

눈 오는 날의 세상은 울림통이 되어 모든 소리를 증폭시킨다. 아버지의 낮은 헛기침 소리에 정적이 깨질 정도로 고요한 가운데 두 분은 말없이 바느질과 뜨개질을 한다. 내 눈에는 두 분이 그리 살가운 정을 나누는 부부가 아니었다. 아버지는 말이 적고 엄했다. 그래서인지 농한기에 아내의 겨울 속바지를 짜던 아버지의 모습은 지금껏 잊을 수 없다.

그때는 사람들 대부분이 양말을 구멍이 나도록 신기 일쑤였다. 나일론으로 만든 양말은 가볍고 질기기는 했지만 그다지 따뜻하지는 않았다. 게다가 신축성이 떨어지고 오래 신어 얇아지면 보온성은 더 떨어졌다. 추운 겨울에 먼 길을 걸어 학교에 다녀야 했던 우리는 양말을 두 켤레씩 신었다. 그렇게 해도 발가락이 저릿저릿하면서 시렸다.

나일론은 흡습성이 약해 눈길을 오래 걷고 나면 양말은 늘 눅눅하거나 젖게 마련이었다. 교실 가운데 난로를 피워 놓으면 아이들은 한 발을 들고 서서 젖은 발을 쬐기 바빴다. 아이들의 양말에서 김이 피어올랐다. 활활 타는 장작 위에 물에 갠 탄을 올리면 난로는 벌겋게 달 때도 있다. 아이들은 종종 난로에 나일론 자국을 남기고 양말을 눌리기도 했다.

쇠죽을 끓이는 사랑방 아궁이 앞에서도 발을 쬘 때가 많았다. 나는 난로 옆에서나 아궁이 앞에서나 불을 쬐다가 양말을 눌려 먹은 기억이 없다. 그런데도 앞꿈치나 뒤꿈치가 두툼하게 꿰매진 양말을 신은 기억은 멀쩡한 양말을 신은 기억보다 훨씬 많다.

내가 초등학교에 다니던 1970년대의 시골에는 돈과 물자가 귀했다. 그 바람에 생필품인 양말은 누더기 신세를 면치 못했다. '닳고 닳을 때까지'라는 말은 그 시대에 꼭 들어맞는 표현이다. 구멍 나면 꿰매고, 구멍 나면 또 꿰매어 신었다. 그러다 보면 처음 양말은 온데간데없고 덧댄 양말이 본래의 양말인 것처럼 보일 정도였다.

그러나 자원과 돈이 흔한 요즘은 물자는 있지만 양말의 구멍을 메울 마음의 여유나 시간이 없다. 시간을 금처럼 여기는 시대가 되다 보니 금을 써 가며 양말을 재생할 가치를 느끼지 못하는 것 같다. 예전에는 꿰매 신는 것을 당연하게 여겼지만 지금은 만약 누군가가 구멍 난 양말을 꿰매고 있다면 멸종된 생물을 보는 듯 신기해할 것이다. 한편으로는 흔한 양말을 사 신는 효율적인 방법을 두고 바쁜 세상에 한가하게도 꿰매 신는다면 어리석은 사람 또는 궁상맞은 사람 취급을 받을지도 모른다.

남의 눈을 의식하는 시대다. 눈에 보이는 것을 중요하게 여기는 시절이다 보니 시대의 현상을 거스르기 쉽지 않다. 게다가 나 또한 시간이 금과 같은 가치를 지닌 것처럼 사는 사람이라 구멍 난 양말의 뒤꿈치를 오래 들여다볼 여유가 없다. 그렇지만 미련 없이 버리자니 옛 풍경이 마음 자락을 잡는다.

모든 것이 속도 경쟁을 하는 시대에 살면서 나 역시 편리함에 매료되긴 한다. 그러나 빠른 변화를 따라가기 벅차 현기증을 느끼며 아날로그 감성으로 살고 싶을 때도 있다. 많은 것이 부족했지만 자연과 더불어 사람이 중심이었던 삶의 방식들이 한 해를 보내는 오늘 같은 날에는 더욱 그리워진다.

커다란 라디오에 벽돌만 한 건전지를 고무줄로 꽁꽁 묶어 쓰던 모습도 손에 잡힐 듯하다. 지지직거리던 라디오에 귀를 갖다

대고 연속극을 들으며 상상력을 키우던 때와 송창식, 나훈아 노래 가사를 열심히 따라 적던 언니의 풋풋한 마음의 시간도 어제 일처럼 생생하다. 흙벽에 발라진 빛바랜 신문지(벽지)의 활자가 튀어 나올 듯 선하고, 화로 속 잿불에 묻어둔 고구마의 은은하고도 달콤한 냄새도 코끝에 스치듯 그립다.

 세월 속에 묻힌 수많은 순간이 그리움의 대상이지만 그중에 가장 잊지 못할 장면은 《화롯가의 부부》라고 명명하고 싶은 한 폭의 그림이다. 소복소복 눈이 내리는 날, 화롯가에 앉아 구멍 난 양말을 깁던 '어머니의 초상'과 아내의 겨울 속바지를 뜨던 '아버지의 초상'이 담긴 그림. 드물게 평온하던 그림인데, 겨울이면 다시 살아나는 불후의 명작이다.

(2019. 12.)

5부

정신 차리세요!

앞니 빠진 아Q | 특별한 휴가 1 | 특별한 휴가 2 | 풀무질 | 나를 찾다 | 내 방 | 사진 단상 | 걸림돌과 디딤돌 | 쁘뜨리 언니

앞니 빠진 아Q

이제는 이 하나 빼는 일쯤은 심각하게 받아들이지 않게 되었다. 십여 년 전에 처음으로 어금니를 뺄 때의 상실감은 형언하기 어려울 정도였다. 그러나 그간 몇 차례 같은 일이 반복되자 익숙해졌는지 이번에는 오히려 앓던 이를 뽑았을 때 시원하기까지 했다. 앞니라는 것이 마음에 좀 걸리긴 했지만 임플란트를 하기 전까지 외관을 위해 임시 치아를 따로 만들었다.
 임시 치아를 끼기 시작한 후 하루가 지났다. 낮에 생각지도 않게 무안한 일을 당했다. 밖에 잠깐 다녀와서 점심을 먹으려는데 지부장이 교재를 가지고 오겠다고 했다. 교재 박스가 무겁다 보니 지부장의 남편이 시간 날 때 실어다 주는데, 그동안은 주로 주말이나 휴일에 배송을 했다. 어쩔 수 없는 사정은 이해하지만 나는 쉬고 있을 때 교재를 받는 게 마뜩잖아서 현관문 앞에 놔달라고 부탁했었다.

오늘은 휴일이 아니니 딱히 문 앞에 두라고 말하지 않았더니 지부장이 벨을 눌렀다. 운동하러 다녀온 직후라 머리카락이 단정하지 못해 머리 모양을 급히 손질하고 있는 중에 부랴부랴 문을 열어주게 되었다. 문 앞에 박스 몇 개가 쌓여 있고 그 옆에 초로의 부부가 숨을 고르고 서 있었다.

무거운 교재 박스를 들여놔 주는 게 미안하기도 해서 이가 훤히 드러나게 천진한 웃음을 지으며 "고맙습니다."를 반복했다. 박스를 들여놓고서 엘리베이터 앞으로 가는 부부를 배웅하며 또 환하게 웃어 보였다. 왠지 오늘따라 지부장 부부가 뒤를 돌아 바라보는 눈길이 달라 보였다. 나에 대한 깊은 애정과 관심인 것만 같아 기분이 좋았다. 승강기 문이 닫힐 때까지 나는 한참 웃고 서 있었다.

두 분을 배웅하고 들어와 머리 손질을 마저 하면서 거울을 보니 맙소사! 앞니가 없었다. 밖에서 돌아와 마침 점심을 먹으려고 빼놓은 상태였는데 아직은 익숙하지 않은 임시 치아를 생각하지 못한 채 지부장 부부를 맞이했던 것이다. 평소보다 더 크게 웃어 보였으니 빠진 앞니 자리가 오죽 더 눈에 띄었을까. 거울을 보며 지부장 부부께 한 것처럼 활짝 웃자 내가 봐도 맹구 같았다.

망신스러운 일은 시간이 흘러도 기억에서 바래지 않는다. 남들은 잊을지 몰라도 당사자에게는 잊히지 않는 흑역사다. 나는 이미 몇 차례의 남부끄러운 경험을 지금껏 몰래 간직해 오고 있다. 아마 오늘의 일도 보태어져 오래도록 잊힐 것 같지 않다.

갑자기 당한 무안한 일이라 내내 마음에 걸렸다. 날이 갈수록 작은 일에는 점점 무덤덤해지고 있지만 그래도 이번 일은 자꾸 걸렸다. 내가 현재의 일을 하는 이상 지부장을 마주해야 하는데 그때마다 떠오를 것 같다.

마음이 찜찜하던 차에 추가 교재가 왔다는 연락이 왔다. 지부에 잠깐 갈 핑계가 생겼다. 삼십 분 정도의 거리여서 평소에도 운동 삼아 주로 걸어서 가는데 미세먼지 때문에 마스크를 하고 간다. 볼일을 보는 시간은 아주 잠깐이다. 교재만 받아서 나오면 되는 일이라 굳이 성가시게 마스크를 벗지 않는 편이다.

하지만 오늘은 마스크가 단순한 미세먼지 방지용이 아니다. 무대에 오르는 주연에게 꼭 필요한 소품이다. 적절한 순간에 소품의 효과를 극대화시킬 생각을 하면서 들어섰다. 이미 나에게는 추가 교재가 주목적이 아니라 마음에 담고 있는 일을 벗어 던지는 것이 주목적인 듯했다. 일부러 마스크를 벗어젖히고 지부장을 향해 활짝 웃기도 하고, 이야깃거리를 몇 마디 만들어 나누며 실한 옥수수알 같은 이를 보여주고 돌아섰다.

서로 치아에 대해 드러내놓고 화제로 삼지는 않았지만 마음에 얹힌 일을 씻어내는 나만의 의식을 치르고서야 민망함을 다소 덜어낼 수 있었다. '아까는 분명 이가 빠져 있었는데…. 내가 귀신에 홀리기라도 한 건가.' 하면서 혼란스러워할지도 모르는 지부장을 상상하니 회심의 미소가 절로 나온다. 유치찬란하기 짝이 없는 나만의 의식은 어쩌면 나를 점점 아Q로 만들고 있는지도 모른다.

불행하게도 나와 같은 정신 승리의 대가들이 나라 안에 많은 것 같다. 현실을 제대로 인식하지 못하고 허술한 삶을 살고 있으면서도 자신이 합리화한 결과에 흡족해하는 아Q들. 정작 중요한 본질은 건드리지도 못하고 변죽만 울리는 방식으로 또 다른 아Q

들을 현혹시키고 있다. 이래서는 결코 변화는 없다. 그것을 모르는 아Q들.

(2020. 2.)

특별한 휴가 1

　　오전 열 시에 서울에서 울산으로 기차를 타고 내려왔다. 딸은 어차피 일주일 쉬게 되었으니 며칠 더 있다 가라고 했다. 물론 일요일에 회계사 1차 시험을 치르는 아들에게 새벽에 도시락을 싸 주기 위해 짧은 일정으로 상경하긴 했다. 그러나 다른 할 일들이 산적해 있기도 해서 표를 물리지 않고 예매했던 대로 타고 왔다.
　　2019년 12월 중국 우한시에서 발생한 바이러스성 호흡기 질환인 코로나바이러스감염증-19가 창궐해 온 나라가 난리법석이다. 하루에도 수백 명의 확진자가 나왔다며 언론에서 떠들고 온 정부 기관들에서도 마스크 착용과 손씻기를 강조하자 사람들은 불안에 떨게 되었다. 감염병의 경로는 차치하고 감염병이 돈다고 하여 바깥에 나가지 않고 살 수는 없으니 나갈 일이 있을 때는 마스크 착용은 필수 중에 필수가 되었다. 만나는 사람들 모두 마스크를 끼지 않은 사람을 찾는 것이 더 빠를 정도로 대부분이 희고 검은 마스크를 끼고 다닌다.

신인류 '마스크인'들이 말없이 돌아다니는 광경을 보자 미래 공상과학 소설 속의 한 장면이 연상되면서 섬뜩하다. 사람들은 무표정하게 앞만 보고 걷는다. 바이러스에 옮을까 봐 다른 사람들과 말도 하지 않는다. 손도 잡지 않는다. 사는 지역에서 확진자가 나왔다고 하면 혹시나 확진자의 동선과 자신의 동선이 같을까 봐 두려워진다.

2월 22일 아침에 서울에 올라갈 때만 해도 울산은 청정지역이었다. 그러나 서울에 도착한 그날 오후에 울산에서 확진자가 한 명 나왔다는 소식을 딸이 전했다. 그렇지만 나는 서울의 좁은 집 안에 있다 보니 울산 상황에 대한 체감온도가 낮았다. 단톡방에선 불이 났다. 지부장은 연신 우려의 메시지를 올렸다.

그러다 일요일 밤 열 시가 가까운 시간에 '한 주 휴강한다는 안내문을 학부모들에게 보내라.'고 했다. 울산의 확진자 한 명이 구영리 코아루 아파트에 사는 사람이라 구영리에 본거지를 둔 울주지부는 더욱 말이 아닌 상황인 것 같았다. 울산의 분위기가 좋지 않다며 가까운 선생도 몇 차례 소식을 전해주었다. 밤 열 시쯤 딸과 아들은 오늘 치른 아들의 시험지를 채점하느라 소란스러웠다. 나는 그 옆에 웅크리고 앉아 학부모 모두에게 일일이 휴강 안내문을 보냈다.

예정대로 오늘 낮 열두 시가 넘어 울산역에 도착했다. 도착하자마자 학부모 한 분이 울산에 확진자가 한 명 더 발생했다며 조심하라는 메모를 남겨놓은 것을 확인했다. 울산 땅에 발을 디뎠는데도 실감이 나지 않는다. 울산역에서 나올 때 관계자들이 열 감지 카메라를 허술하게 찍고 있는 게 다였다. 몇몇이 의심스러운 증상이 있는지 관계자의 질문을 받고 있었다. 그 옆을 빠르게 스쳐 지나 밖으로 나왔다.

오늘부터 일주일간 자의 반 타의 반 특별 휴가에 들어간다. 일이 밀리는 어려움도 있지만 개인적으로는 한 주 쉴 수 있어 좋은 점도 있다. 이틀 동안 서울에서 잠을 제대로 못 자고 일을 많이 했더니 팔다리가 쑤시고 피곤해서 원래 일정대로 오후부터 수업을 했으면 무리였을지도 모른다. 하지만 나라가 온통 코로나 때문에 어수선하다. 마트마다 생필품을 사재기하는 사람들로 북새통이고, 라면 등 비상식량은 바닥이 났다는 소식도 들린다.

중국 우한 지역에서 시작했다고 '우한 폐렴'이라고 했던 코로나바이러스를 어떤 사람들은 중국이 한국을 초토화시키려고 바이러스를 연구해 퍼뜨렸다고 하는 말을 하기도 했다. 어수선한 틈을 타 사람의 불안 심리를 부추기는 말들은 날개가 돋친 듯하다. 온갖 검증되지 않은 예방법 등이 폰에서 폰으로 전파되고, 코로나 관련 루머 등이 떠돌고 있는 상황이라 정확한 내용을 알 수 없지만 비상사태인 것은 틀림없다.

2월 24일 오전 현재 전 세계에서 확진자가 79,170명, 사망자는 2,467명이 보고되었다. 우리나라는 방한 중인 중국인이 1월 20일에 감염자로 확진된 이후 일곱 명이 사망한 상태이고, 확진자는 하루에 수백 명이 늘어 현재는 763명이라 며칠 사이 수를 따라 세기조차 숨차다.

이러한 결과는 어느 한 사람의 잘못은 아닐 것이다. 그러나 나라의 지도자가 초기에 결단을 내리지 못하고 지금에 이르러 더욱 확산된 것은 부인할 수 없는 사실이다. 미국의 경우는 중국에 전세기를 띄워 자국민 등을 발 빠르게 귀국시키고 중국 여행자들의 입국을 금지시킨 덕분에 인구가 우리보다 훨씬 많은데도 불구하고 확진자가 35명에 그친다.

대한의사협회에서도 이미 한 달여 전부터 '중국인 입국 금지를 해야 한다.'고 주장했다. 그러나 여당은 중국의 심기를 건드리지 않기 위해 유학생 등 관광객을 오히려 와라, 가라 부추겼다. 뒤늦게 확진자가 급증하자 비상대책본부를 설치 하는 등 소란을 피우는 것은 마치 모기 잡는다고 문 다 열어놓고 모기약 뿌려대는 것과 무엇이 다른가.

게다가 감염병 예방에 가장 우선인 마스크까지 중국에 대량 지원하는 바람에 나라 안에서는 가격 폭등에다 품귀 현상까지 벌어지고 있다. 약국에서 700원 하던 마스크가 5,000원에 팔리는 상황이다. 이웃 나라의 우환을 손놓고 바라만 볼 수 없다지만 내 나라 국민의 안위를 먼저 걱정해야 하는 것이 지도자의 책무 아닌가. 한 집의 가장이 옆집을 돕느라 정작 자신의 가족을 나 몰라라 하는 것과 무엇이 다를까.

과거에 유럽에서는 흑사병으로 삼분의 일이라는 사람들이 죽었다. 역사기록이나 문학 작품을 보면 우리나라도 감염병으로 많은 사람들이 죽어 나라가 걱정에 휩싸였던 적이 있었다. 인적이 드물 때를 '역병이 쓸고 간 마을처럼'이라는 표현으로 비유한다. 과학기술이 발달하여 우주까지 여행을 가는 시절이지만 현대를 사는 인간은 나약한 존재에 불과하다. 눈에 보이지도 않는 감염병 때문에 온 나라가 시끌시끌한 것을 보자니 이념 전쟁과 핵전쟁이 시시해 보일 지경이다.

(2020. 2.)

특별한 휴가 2

올봄은 우리 모두에게 잔인했던 계절로 기억될 것이다. 나는 현실을 기록으로 남기고자 한다.

코로나바이러스감염증-19로 인해서 3월 2일 예정이었던 초·중·고등학교의 개학도 세 차례 연기되었고, 각 사업체나 개인사업자도 잠정 휴업에 들어간 곳이 많다. 그야말로 '안정된 직장'이라고 일컫는 직장만 간신히 돌아가면서 나라의 숨길을 겨우 유지하고 있는 듯하다.

정신 차리세요!

학생을 대상으로 일을 하는 나도 사회 분위기 때문에 학교 개학에 맞춰 시작하려고 손을 놓고 있는 중이다. 평소 늦은 밤까지 동동거리며 일에 치여 살았기 때문에 처음 3월 9일로 개학을 늦춘다는 발표가 났을 때는 상황은 좋지 않으나 한편으로는 특별 휴가를 받은 듯했다. 그러나 2주 더 연기한다는 발표가 났을 때는 슬슬 걱정이 되었다. 세 번째로 4월 6일로 늦춘다고 하자 여러 생각으로 머릿속이 복잡해졌다.

당장 총 6주의 수업 공백이 생겼다. 공교육과 달리 사교육을 하는 입장에서는 수입과도 직결되어 꼬리를 물고 문제가 생기게 되었다. 처음 한 달간은 특별한 휴가를 얻은 셈 치고 어찌어찌해 보면 되겠다고 생각했지만 몇 차례 연기되자 사태가 장기화가 되지 않을까 하는 염려가 된다. 그러나 이번 사태가 개인이 어떻게 해볼 수 있는 사안이 아니므로 해결이 될 때까지 기다리는 수밖에 도리 없다는 점 때문에 무기력해진다.

이미 여기저기에서 걱정과 한숨 소리가 들린다. 경제가 바닥을 치더니 급기야 주식 가격도 폭락하고, 곳곳에서는 이러다 죽겠다며 아우성판이다. 많은 사람이 바깥에 나오지 못하고 하루빨리 이 공포에서 벗어나기를 숨죽이며 기다리고 있다.

경칩이 지나고 춘분도 어느새 지나는데 몇 주째 겨울잠을 자는 곰처럼 가만히 들어앉아 있기 갑갑한 사람이 많을 것이다. 전파되는 질병이라 되도록 사람이 많이 모이는 곳도 피하고 다른 사람과도 거리를 두어야 하기 때문이다. 부득이 나가더라도 마스크는 필수인데, 약국 앞에서 피란민처럼 길게 줄 서고, 제 돈 주고도 마음대로 사지 못하는 희한한 일이 벌어지고 있다.

21세기 대한민국에서 일어나는 일이라고 믿을 수 없다. 첨단 기술이 필요한 물건도 아니고 평소에 흔하게 살 수 있었던 마스크다. 그러나 약국 앞에서 몇 시간을 기다려도, 약국을 몇 군데 돌아도 사지 못한 사람들의 목소리가 드높다. 일주일 중 정해진 날에 본인이 신분증을 들고 가야 겨우 두 장을 구할 수 있다. 연로하거나 어린아이의 경우는 등본을 떼어가 가족이라는 것을 확인해야만 살 수 있는 현실이다.

나는 이 사태가 벌어지기 전에 사 두고 쓰던 일회용 마스크로 여러 번 사용하고 있다. 마스크를 사겠다며 약국 앞에 줄 서는 건 차마 못하겠어서 인터넷 구매를 하려 했더니 '개인통관고유부호'를 관세청에서 받아 입력해야만 살 수 있게 되어 있다. 일회용 마스크를 수입해 오고 있다는 뜻 아닌가. 이래저래 언짢기도 하고 관세청에 등록하는 절차도 복잡해서 또 마음을 접었다.

상그러운* 내 마음과 달리 밖에서는 봄이 성큼 다가와 계절의 문턱을 넘는다. 음울한 기운을 털어내듯이 어제는 태화강 대나무숲 공원까지 걸었다. 사방에 봄이 한창이었다. 개나리도 만발했고 벚꽃망울도 터질 듯 부풀어 올랐으며 진달래도 칙칙하던 숲을 밝히고 있었다. 집 안에서 견디다 못한 신인류 '마스크인'들은 필수품인 마스크를 쓰고 쏟아져 나와 강변길과 공원을 거닐었다. 이렇게라도 하지 않으면 숨이 막혀 버릴지도 모른다는 몸짓이다. 살아 있다는 것을 증명하고 공포와 불안에서 벗어나고자 하는 몸부림일 거라는 생각이 든다. 그래서 태연한 이 봄이 더욱 잔인하다.

보건복지부의 발표에 의하면 3월 22일 현재 확진자는 8,897명이며, 이중 완치된 사람은 2,909명, 아직도 치료 중인 사람은 5,884명이며 사망자는 104명이다. 매일 확진자는 늘고 있다. 과연 끝은 있을까. 2002년에는 사스가, 2009년에는 신종플루가, 2014년에는 에볼라가, 2015년에는 메르스가 인간들을 긴장시켰다. 하나의 감염병을 넘어섰다고 안도하기 무섭게 새로운 감염병이 도

---
* 상그럽다 : 불편하다 또는 차갑다 라는 뜻이 있는 경상도 사투리이다.

는 모양새다. 최재천 교수는 '인간의 다양한 욕구가 다른 동물에게까지 뻗치면서 새로운 질병이 더 잦다.'며 과도한 욕망을 끊을 것을 주문했다.

주제 사라마구의 《눈먼 자들의 도시》에서도 어느 날 갑자기 눈먼 사람들이 늘어나면서 겪게 되는 상황을 실감나게 그리고 있다. 작품 속 인간들은 물질적 소유에 눈이 멀고 인간성조차 잃어버린 장님들이다. 전염을 막기 위해 격리 수용 조치를 내린 냉소적인 정치인들은 사실적이어서 소름이 돋는다. 작가는 '우리가 가지고 있는 것을 잃었을 때에야 가지고 있는 것이 무엇인지를 깨닫게 된다.'는 사실을 꼬집는다.

소설 속 세상처럼 현재 숨 쉬고 있는 이 세상도 무슨 일이 있었냐는 듯이 겉으로는 큰 문제없어 보인다. 물론 마스크인들답게 대부분 마스크를 쓰고 다니고, 사람들의 발길이 뜸해 거리가 을씨년스러워지는 등의 표면적인 변화는 일시적으로 있지만 말이다. 그러나 겨울의 긴 터널을 빠져나오며 우리는 사상, 이념, 정치, 경제 등의 화두를 두고 몹시도 앓았다. 그 끝에 감염병까지 겹쳐 이러다 세상이 끝나버리는 것은 아닐지 두려움에 떨고 있다.

사흘 전에 낮 동안 계속 강풍이 불었는데, 인근 웅촌 쪽에서 산불까지 나 주민들이 대피하고 차량들로 길이 막혔다고 한다. 대피시설로 많은 이재민들이 대피할 경우 코로나 확산의 우려가 있어 지인이나 친척 집으로 대피하라고 안내를 했지만 요즘 같은 때는 그마저 눈치가 보이는 일이라 어려움이 있을 듯하다.

여러 환난이 겹쳐 더 어렵지만 그간 우리는 다양한 어려움을 때때로 겪어왔다. 사스와 메르스도 겪었고, IMF와 금융 위기 등도 지나왔다. 이번의 어려움도 언젠가는 벗어날 수 있을 것이다. 하지만 전문가들은 장기화될 것이라는 비관적인 전망을 내놓고 있기도 하다. 그러나 절망만 하기에는 우리는 너무 많은 계획과 목표를 펼쳐놓고 살아왔다. 아직 이루지 못한 것들도 많고 세상의 아름다움도 다 보지 못했다.

이 와중에도 정치꾼들은 총선에서의 승리만이 관심사일지 모른다. 그들은 국민은 어떻게 되든지 간에 자기들 밥그릇 싸움에만 혈안이 되어 있다. 어제오늘의 문제는 아니지만 국민적 재난 앞에 특별 휴가를 보내면서 어기대보는 것이다.

(2020. 3.)

풀무질

내 기억 속에는 수많은 '순간 사진'이 차곡차곡 정돈되어 있다. 그중에서도 유년 시절의 순간들, 특히 집 안팎에서 쓰던 잡다한 도구들이 유독 새뜻하다. 뭉툭하게 닳은 부지깽이와 청화백자를 닮은 요강, 그리고 녹슨 풀무 같은 것들은 당시에는 눈에 띄지도 않았고 오히려 구석에 있어야 어울릴 것 같은 물건들로 여겼다. 어쩌면 보이지 않는다고 해도 아쉬움 없이 다른 것으로 얼마든지 대체했을지도 모르는 물건들이었는데 요즘엔 몹시 그립다.

농사일로 바쁜 부모님을 도와 어렸을 때부터 아궁이에 불을 지피거나 요강을 부시는 일, 간단한 식사 준비 등을 해야 했다. 다양한 일 중에 나는 아궁이에 불을 지피는 일이 흥미로우면서도 한편으로는 하기 싫은 일 중 하나였다. 발갛게 타는 나무가 밥이 되고, 국이 되고, 구들이 데워져 온기 가득한 공간이 된다는 것이 흥미로웠다. 그렇지만 불이 내 마음대로 늘 잘 붙는 것도 아니고, 굴뚝으로 짓궂은 바람이라도 들어오는 날은 연기나 재를 뒤집어 쓰고 눈물 콧물 범벅이 될 때도 있었기 때문이다.

아궁이에 불을 피울 때 처음에는 코를 박고 입김만으로 불꽃을 일으켜 보려고 애썼다. 그러다 불이 잘 붙지 않을 때는 풀무를 팔이 아프게 돌려야 했다. 하지만 무작정 손잡이를 돌리기만 하면 되는 게 아니었다. 풀무질을 하는 데에도 요령이 필요했다. 잘못하다간 아궁이 속의 얌전한 재먼지가 나에게 달려든다. 방향과 속도 등이 잘 맞아야 제대로 불이 살아나게 된다는 것을 기침과 눈물을 흘려본 후에 비로소 알았다.

산골 농부의 딸로 성장한 나는 도시의 여느 아이들이 경험하지 못했던 경험을 많이 했다. 당시에는 구지레한 산촌을 벗어나 도시로 이사를 했으면 좋겠다는 생각을 날마다 했다. 그러나 도시로 공부를 하러 떠날 때까지 벗어나지 못한 채 붙박고 살았다. 덕분에 값을 매길 수 없는 추억들을 저장소에 쟁이고 살 수 있었다. 저장소의 빛나는 사진들은 팬데믹으로 인해 긴 시간 동안 칩거하면서 더욱 빛을 발했다.

가뜩이나 바깥 활동이 많지 않았는데 코로나 사태로 활동 범위가 더욱 제한되니 생각조차 박제가 되는 듯했다. 한 달에 한 번 만나던 '글동지'들과도 석 달째 만나지 못하는 상황이 되자 내 머릿속은 수많은 서사를 품은 채 갑자기 굳어버린 빙하 같다. 시답잖은 문장 하나를 퍼 올려 보려고 해도 견고한 얼음덩어리에서 이끼가 돋아나길 바라는 것 같기도 하다. 도무지 한 마디를 만날 길이 없다.

이때 문득 추억 속에 간직돼 있던 풀무가 떠올랐다. 아궁이 속의 땔감이 잘 탈 수 있으려면 멈추지 않는 풀무질이 필요하듯이 정상적인 사고 기능 또한 규칙적인 신체 활동과 원활한 교류가 이루어져야 한다는 것을 깨달았다. 서툰 풀무질로 잠깐 바람을 일으켰다고 해서 불이 잘 붙는 것은 아니듯, 문학도 창작의 불씨를 꺼뜨리지 않게 쉼 없이 바람을 일으켜 주어야 하리라.

여러 달을 생솔가지로 삶을 연소하는 듯 지냈다. 성능 좋은 풀무도 소용없으리만치 매운 연기만 피우던 시간이었다. 눈물과 콧물의 대가를 치른 후에 동굴 같은 아궁이를 뒤로하고 밖으로 나온 기분이다.

  몇 달 동안 집 안에서 보내다 온 아이들을 맞았다. 겨울에 마지막으로 보았던 아이들은 어느새 반소매를 입고 교실에 나타났다. 길고 지루했던 나날 끝에 학부모와 아이들, 그리고 나는 일종의 모험을 하는 것이다. 마스크가 또 다른 피부가 된 것처럼 착용이 필수가 된 것은 물론이고, 투명 칸막이로 이중 방어막을 치고도 거리 두기를 해야만 그나마 마음을 조금 내려놓을 수 있는 현실에서 슬며시 대면을 시도하였다.

  열어둔 창으로 오월의 훈훈한 바람과 청량한 기운이 거침없이 들어온다. 모처럼 만난 '마스크 친구'와 놀아도 되는지 엄마에게 허락을 받기 위해 통화하는 아이들을 보면서 내 몸도 근질거린다. 간만에 놀이터에서 재잘거리는 아이들의 소리도 들려온다. 이제, 나도 가득했던 마음속의 재를 삼태기에 담아 뒷간에 퍼 나른 후 훤해진 아궁이에 불을 지피기 위해 풀무를 다시 돌려야겠다.

(2020. 5.)

나를 찾다

소소한 것이라도 잘 버리지 못하는 성격 탓에 집 구석구석에는 잡다한 것이 숨어 있다. 겉으로 보기에는 정돈이 되어 있는 것 같지만 발굴하기 시작하면 끝도 없이 나온다. 예전에 이사 업체 인부가 이삿짐을 옮기는 내내 투덜댔던 것도 이해는 된다. 이사 견적을 낼 당시에 왔던 담당자는 집 평수를 따져 눈에 보이는 대로 비용을 책정했건만 막상 속속들이 들어앉아 있는 짐을 꾸리거나 풀자니 끝이 없다는 푸념이었다.

내가 쉽게 버리지 못하는 것 중에 하나가 명함이다. 처음부터 나에게 있어 의미가 있었던 것은 아니고 5.3×8.7의 종잇조각에 불과했다. 여기저기에서 하나둘씩 무심히 받은 명함을 가지고 있었는데, 어느 분이 사은품으로 받은 거라면서 명함첩을 하나 주었다. 그때부터 미미하게 시작된 인연은 한 권을 넘어 두 권째 이어지고 있다. 의도하지 않았지만 20년 가까이 내 인생이 다른 모습으로 책꽂이 한쪽에서 나이테를 늘이고 있었던 셈이다.

지금껏 드물게 받은 명함을 꽂기만 하면서 바쁘게 살아왔다. 한 권이 채워지자 이제야 존재감이 손끝에 느껴졌다. 무엇을 하든 처음엔 쌓아놓은 것이 없어 들춰보고 할 것도 없지만 어느 정도 시간이 흐르고 경력이 쌓이면 가시적인 결과물이 자연스럽게 생기는 것 같다. '초시간 여행선'을 타고 갑자기 등장한 것 같아 낯설기는 하지만 두툼한 두께에서 손을 떼지 못하고 맨 앞부터 넘겨보았다.

명함첩 속의 명함들은 내가 한때 만났던 사람 자체인 것처럼 오롯이 존재했다. 당시의 시간으로 나를 부른다. 면전에서 명함을 건네받던 감촉이 손끝에 되살아나는 듯하다. 신비로운 경험이다. 두 손바닥만 한 명함첩 속에 내 인생의 면면이 담겼다. 나와 잠시라도 인연을 맺었던 사람들을 통해 내가 살아온 길이 거기에도 있다는 것을 알았다. 갈피마다 당시 삶의 희로애락이 생생히 느껴진다.

스스로 연출자가 되어 나름대로 정한 내 인생 3막은 '두 번째 출가'한 때부터다. 나에게는 상당히 의미가 깊은 구분이자 무대다. 그전엔 명함이라는 것을 별로 받아본 적이 없는 의존적인 시기였다. 그러나 3막이 시작되고 나서는 독립적인 존재로서 타인의 명함을 건네받기 시작했다. 어쩌면 멈췄던 나의 역사는 그때부터 다시 움직이기 시작했는지도 모른다.

내 역사서의 한 부분과도 같은 명함첩에는 다양한 등장인물이 존재한다. 대하드라마의 주연과 같은 인물도 있고, 단막극의 조연이나 엑스트라로 활동했던 사람들도 있다. 나에게 상처가 될 만한 이름도 있고, 보는 것만으로도 가슴이 따뜻해지는 얼굴도 있다. 하지만 빛띠가 넓지 않은 단조로운 삶을 산 것이 한눈에 보인다. 망설임 없이 의미를 부여할 수 있는 몇몇을 제외하고는 대개 음식점이나 전자기기 AS센터 직원 등 의식주를 해결하는 과정에서 잠시 맺은 인연들이다.

3막을 시작하면서 법률적 도움을 받았던 변호사, 지역번호가

네 자리일 때, 삐삐를 쓰던 때의 흔적을 줄 하나로 지우고 새로이 생긴 휴대전화 번호를 적어 넣은 낭만적인 가게 사장님, 가냘픈 몸매와 목소리로 나를 매료시켰던 요가 강사, 열한 살의 아들이 스스로 먼 길을 찾아가 농구공과 함께할 때 가르침을 주었던 농구 코치, 딸이 진로를 결정하기에 앞서 고민할 때 좋은 말씀을 해주셨던 역리원 어르신, 지금은 다른 모습으로 인연을 계속 이어가고 있는 옛 신문지국장…. 귀한 인연들이 오랜만에 만나는 나에게 말을 걸어온다.

3막에서부터 4막이 진행 중인 지금까지 20년의 순간들이 200여 장에 압축되어 한곳에 있다. 그러나 그 안에 정작 나 자신은 없다. 관계의 주체와도 같은 '나'가 빠진 채 내 인생은 이어져 오고 있었던 것이다. 번잡한 것을 싫어하는 나의 성향과도 무관하진 않을 듯하다. 그러니 든든한 기반 위에 견고한 성을 쌓지 못하고 늘 위태로워 보였던 것일까.

그간 롤러코스터를 타듯이 달려오면서 지나간 길은 미련 없이 기억에서 지웠나 보다. 과거의 내 모습은 보이지 않는다. 명함을 내밀 정도의 삶은 아니었을지라도 명함을 처음 가졌을 때의 감동은 있었을 테다. 불현듯 잃어버린 보물을 찾기라도 하듯이 집 안을 뒤졌다. 한참 만에 장롱 깊숙이 보관되어 있던 상자에서 낡은 명함 지갑을 찾았다. 그 속에 첫 명함이 설레는 눈빛으로 기다리고 있었다. 오래전의 분신을 만난 듯 이리도 반가울 수가!

열흘 머물던 나그네 하루 가기 바쁘다고 하듯이 그동안 잊고 살았으면서 방금 찾은 '내가' 비눗방울처럼 순식간에 사라지기라도 할 것 같아 마음이 조급해졌다. 서둘러 첫 명함부터 현재의 명함까지 내 인생의 변화가 담겨 있는 한 대목을 명함첩에 채운다. 비로소 '나'라는 인간도 잃어버릴 뻔한 한 부분을 찾고서 내 인연 목록에 끼게 되었다.

(2020. 5.)

내 방

어릴 때부터 '내 방'을 갖고 싶었다. 혼자 차지하고서 내 손길을 거친 물건들을 배치하고 아담한 창에 어울리는 커튼을 단 방. 따스하고 부드러운 기운이 감도는 방. 은은한 향과 잔잔한 노랫소리가 흘러나오는 방. 눈에 보이듯 그려볼 수 없어서 현실로 옮겨 놓을 수도 없이 막연한 방. 그래서인지 이 소망은 지금껏 이루지 못한 채 살고 있다.

지방의 도시 한 귀퉁이에 내 명의로 된 소박한 집이 있긴 하지만 마음에 드는 방을 아직 갖지 못했다. 나는 여전히 '내 방'을 머릿속에 꾸몄다가 부수며 언젠간 실현할 날이 올 것이라는 기대로 마음이 가끔 설렌다.

소녀의 감성으로 시작된 생각일진 몰라도 지금껏 내 꿈을 접거나 그 꿈이 옅어졌던 적이 없다. 어릴 때부터 꿈꾼 것이 많지 않음에도 왜 내가 현실에서는 이룰 수 없을지도 모르는 환상에 가까운 '내 방'을 갖기를 소망했는지 정확히 알 길은 없다. 다만 집이 사람들에게 알게 모르게 미치는 영향을 본능적으로 느끼면서 남의 간섭을 받지 않는 '나만의 공간'을 확보하고 싶은 열망을 가지지 않았을까 싶다.

내 방에서는 무엇이든 꿈꿀 수 있을 것 같고, 무엇이든지 이루어질 것 같아서 몇 평의 공간을 탐했는지도 모른다. 그러나 삶의 징검다리를 위태롭게 건너오는 동안 오랜 시간이 지나면서 그 꿈이야말로 이룰 수 없다는 것쯤은 눈치를 챘다. 그럼에도 흑백사진이 세월 속에서 바랠지언정 깊이를 더해가듯 내 꿈은 증발하지 않고 여전히 뇌리에 존재한다.

6년 만에 딸의 진로가 바뀌게 되어 근무처에 가까운 곳으로 집을 옮기려고 준비 중이다. 아들이 회계사 2차 시험을 치르는 토요일과 일요일 새벽에 도시락을 싸 주기 위해 서울에 갔다가 주말 낮에 딸과 집을 구하러 마포구청역 부근으로 나갔다. 있는 사람들 기준으로 보면 돈 축에도 들지 못하는 소액으로 남매가 살 집을 구하려니 쉽지 않았다.

이 옷 저 옷을 입어보고 나서 마음에 드는 옷을 고르듯이 중개소에 나온 집들을 여러 군데 둘러보았다. 큰 방이 세 개에 발코니도 여유 있어 마음에 들었지만 에어컨이 없고 엘리베이터가 없는 5층에 있는 집. 널찍한 방과 주방이 규모 있게 빠진 깨끗한 집이어서 잡고 싶었지만 오르막을 한참 걸어 올라야 하고 한적한 곳에 있는 집. 옷 하나 고를 때에도 색상이 마음에 들면 치수가 맞지 않고, 가격이 적당하면 디자인이 마음에 들지 않아 이 가게 저 가게를 드나들며 발품을 팔아야 하는데 사람이 머물 마땅한 집을 구하기 위해서는 말해 무엇하랴.

중개인을 따라 망원동 일대를 몇 시간째 둘러보았지만 우리의 조건에 맞는 집을 쉽사리 만나지 못했다. 아이들이 일정 기간 동안 살 집이어서 당연히 딸이 주체가 되어 고르는 중이다. 나는 보호자라는 구색만 갖춰 동행할 뿐이다. 그럼에도 '내 방'에 대한 갈망이 마음 깊숙이 남아 있어서인지 딸이 집을 고르는 기준과 내 생각이 다를 때마다 나도 모르게 목소리를 키우고 있었다.

내가 꿈꾸는 방은 '안정安定'에 방점이 찍혀있는지도 모른다. 집이라면 모름지기 느긋한 마음으로 오래 머물 수 있는 공간이기를 은연중에 바라왔던가 보다. 그러나 내 집 없이 서울살이를 하는 아이들에겐 계약 기간 동안 머물고 떠날 집이기에 애초에 자신의 꿈다운 꿈까지 담을 수 없는 것인지도 모른다. 직장과 학업을 좇아 뜨내기처럼 떠돌며 팍팍한 조건에 맞춰 살아야 하는 아이들의 모습을 보며 여전히 '내 방'을 꿈꾸는 자신이 비현실적으로 느껴진다.

수십 년 동안 꾸어온 꿈을 아직 이루지 못한 것은 물리적인 조건보다도 심리적인 조건을 충족시키지 못해서일지도 모르겠다. 비록 명의는 가지고 있을지라도 마음을 완전히 부려놓지 못한 채 언제든 떠날 것처럼 살았던 것은 아닐까. 어딘가에 정착하지 못하고 언제나 이방인과 같은 마음으로 선을 그으며 살았기에 지금껏 '내 방'을 꿈만 꾸고 있었던 것은 아니었을까.

이덕무가 병술년(1766) 정월 보름에 남긴 글을 보면 '그의 방'이 손끝에 잡힐 것만 같다. '집은 몹시 누추하여 벽면에 언 얼음이 뺨을 비추고, 구들장의 그을음은 눈동자를 시리게 했다. 방바닥은

울퉁불퉁해서 그릇을 놓아두면 꼭 물이 엎질러졌다. 햇살이 비치면 오랫동안 쌓였던 눈이 녹아 스며들어, 썩은 띠에서 누르스름한 장국 같은 물이 뚝뚝 떨어진다.' 선비의 궁핍한 살림이 애달플 지경이지만 그 가운데서도 글을 읽는 소리만은 멈추지 않았고, 이불 속에서 옛글 서너 편을 외우곤 했다 하니 이것이 바로 마음의 풍요가 아닐까 싶다.

아이들이 살 집을 구하는 걸 보면서 나는 잠시 묻어두고 살던 '내 방'을 다시 떠올렸다. 그러나 예전에 막연하게 꿈꾸었던 방이 아니라 이덕무의 방처럼 구체적으로 그려볼 수 있는 방이다. 온갖 물건과 커튼으로 화려하게 꾸민 방이 아니라 오히려 책 몇 권만 단출하게 남기고 비움으로써 여백으로 채운 방, 기기에서 나오는 음악 대신 풀벌레 소리와 책 읽는 소리가 간간이 들리는 방.

시간의 흐름에 따라 내가 머물고 싶은 방도 달라져간다. 이제 내 방이 점점 분명해지는 것 같다.

(2020. 6.)

사진 단상

지금 살고 있는 천상으로 온 지 20년 가까이 된다. 그때 짐을 부려놓고 작은 동네를 한 바퀴 돌면서 보니 사진관이 세 군데 있었다. 그러나 현재는 한 군데만 겨우 남아 증명사진 찍어주는 일을 주업으로 하고 '휴대전화 사진 인화'를 부업으로 하며 명맥을 잇고 있는 것 같다. 사진관 앞을 지날 때면 어두침침한 실내와 문밖에 놓인 잎 마른 화분에서 황량함이 느껴진다.

나이 들면 변화를 두려워한다고 하는 말은 일면 맞는 말이기

정신 차리세요!

도 하지만 뒤집어 생각해 볼 수도 있다. 경험이 쌓일수록 자신의 경험이 곧 '진리'에 가깝게 여겨져 다른 변화를 거부하는 심리가 작용하는 것은 아닐까. 겉으로 보기에는 변화를 두려워하는 것으로 비칠 수 있다. 그렇지만 지금까지 자신이 몸으로 부딪혀 살아온 것이 지혜요, '비장의 수'가 될 수도 있기 때문에 다른 것은 필요하지 않다고 느끼는 자세 말이다. 다름 아닌 내가 외고집의 주인공이라는 사실을 발견했다.

어릴 때는 사진기가 고가이기도 하고 귀해 특별한 사람만이 가지는 물건으로 생각했다. 어쩌다 사진을 찍기도 하였지만 그 또한 특별한 날이거나 일일 경우였다. 나에게 취학 전 사진은 두 장이 남아 있다. 한 장은 백일 무렵의 사진으로 서울 남산 정자 앞에서 한복 차림의 부모님 품에 안겨 있는 모습이다. 다른 한 장은 다섯 살 때 동생의 돌을 맞이해 고향의 '종지봉'에서 다섯 남매가 함께 찍은 모습이다.

다섯 남매 중에 그 사진을 내가 보관하고 있었는데, 50년 세월 속에서 닳기도 하였고 무엇보다 다른 형제에게도 한 장씩 주고 싶어 동네에 남아 있는 사진관으로 갔다. 훼손된 사진을 복원하여 형제 수만큼 인화하는 과정에서 사진사는 내게 물었다.

"이 사진 몇 년 되었어요?"

"50년 되었어요."

나의 대답에 사진사는 귀한 사진이라면서 그 시절엔 사진 찍는 것도 힘들었을 텐데 부자였었나 보라고 했다. 산골 살림이 물질적인 풍요를 누릴 형편은 아니었기에 나도 그동안 '어떻게 이 사진을 찍었을까.' 하고 늘 궁금했다. 그래서 더욱 귀하게 여겨지는 사진이다.

'국민학교' 때는 전 학년을 통틀어 대여섯 장 정도의 사진이 남아 있다. 봄가을 소풍 때 찍은 사진이 석 장, 탁구부로 활동할 시기에 선배들 졸업식 날 특별히 교장 선생님의 배려로 사진사가 찍어준 사진 한 장과 졸업식 때 상을 받으며 찍힌 사진 등이다. 실금을 보듯이 하나씩 꼽아볼 수 있는 것도 희소성 덕분이다. 그 시절에 사진이 흔했다면 지금까지 많이 남아 있을 것이고 그랬다면 눈길이 머무는 시간이 짧았을 것이다.

중고등학교 때는 소풍날 잘 사는 집 아이들이 사진기를 가지고 와서 장당 50~100원씩을 받고 사진을 찍어주었다. 소풍날 가장 인기 있던 아이는 사진기를 가지고 있는 아이였다. '사진사'를 둘러싸고 "얘 다음에 나야, 나 꼭 찍어줘." 하면서 사진 한 장 찍겠다며 법석이었다. 그러다 일회용 카메라가 나와서 나도 다른 친구에게 아쉬운 소리하지 않고 '사진사'가 될 수 있었다. 그 무렵 사진관에는 인화하려는 학생들로 발 디딜 틈이 없었다.

그 후 디지털 카메라가 나와서 신세계를 맛보았지만 카메라 필름 업계는 큰 변혁을 맞았다. 그것도 잠시, 딸의 대학 입학에 맞춰 새로 장만한 '디카'는 얼마 쓰지도 못하고 골동품이 되었다. 시간이 흘러 지금은 스마트폰을 대부분 가지고 있고, 화질도 향상되어 전문가가 따로 필요 없을 정도다. 하지만 편리하긴 한데 전화기에 저장되어 있는 사진은 전화기가 기능을 할 때만 볼 수 있다는 한계가 있다. 사장되어 가던 사진관은 휴대전화 속의 사진을 인화해 주기 시작했다. 그것마저 신기해서 장당 300원이 넘는 돈을 주고 인화를 했었다. 그러나 한꺼번에 몇백 장씩 하면 무시하지 못할 지출이 되었다. 틈새시장은 성장하기 마련이다. 사진 인화 앱이 생겨나서 지금은 앱을 통해 장당 100원 내외로 인화하고 있다.

지난날 사진에 굶주렸던 탓인지, 휴대전화 속의 사진이 순간에 사라질 수 있다는 불안감 때문인지 나는 휴대전화 속의 사진을 추려 주기적으로 인화를 해 오고 있다. 딸과 아들이 가끔 자신들의 사진을 보내오면 그 사진들도 함께 인화한다. '남는 건 사진밖에 없다.'는 말을 진리처럼 믿고, 사라져 버릴 수도 있는 '역사'를 기록하고 싶어서다. 그렇게 인화지로 다가온 분신들 덕분에 나는 부자가 되었다. 몇 개의 앨범으로 부족해 커다란 상자에 보관해 오던 참이었다.

사진이 점점 쌓일수록 찾을 때나 보관 등에 어려움이 있었지만 미뤄오다가 간밤에 손을 댔다. 상자 속에는 수십 년의 사연들이 가득했다. 아이들의 어릴 때 모습도 새롭고, 기념할 만한 날들의 순간이 되살아났다. 나는 가끔 자신을 찍는데 변화를 거듭한 나의 모습도 한자리에 모였다. 딸 사진은 딸 사진대로, 아들 사진은 아들 사진대로, 딸과 함께 찍은 사진과 아들과 함께 찍은 사진도 따로 분류했다. 한두 시간이면 되겠지 했던 예상은 빗나갔다. 수천 장은 족히 될 법한 사진을 분류하고 나자 다섯 시간이 지나 새벽 네 시였다.

이 정도면 '집착' 수준의 병일지도 모른다. 어쩌면 이것 역시 소유하고자 하는 욕심에 불과할 것이다. 그러나 19세기에 사진이라는 예술이 등장한 것은 '순간을 영원히 남기고 싶어 하는' 사람들의 욕망의 표현이었을 것이다. 나 또한 사라질 이 순간을 남기고 싶을 뿐이다. 글로써 남기기도 하지만 내 재주로는 사진만큼 생생히 남기기는 어렵다.

주변에서 '늙어 가니 사진 찍기 싫다.'는 말과 '그래도 그 순간이 가장 젊을 때니 많이 찍어 두라.'는 말을 심심찮게 듣는다. 이런 말을 들을 때마다 나는 '그렇지!' 하며 속으로 맞장구를 친다. 앞으로 사진의 역사가 어떻게 바뀔지 모르지만 나는 지금의 아날로그 방식을 고수하고 싶다.

시대의 변화는 막을 수도 없고 따르지 않으면 도태된다. 그러나 어떤 부분은 자기만의 고집을 가지고 살아갈 용기도 필요하다. 다가올 변화를 거부하며 자신의 경험을 무기로 맞서는 행위가 무모해 보일지라도 세상 어느 한구석의 누군가는 그랬으면 싶다.

(2020. 7.)

걸림돌과 디딤돌

말썽이던 앞니를 지난 1월에 발치한 후 6개월 여가 지났다. 발치 당시 염증이 심해 잇몸 상태가 좋지 않아 6개월이 지난 후 다시 상황을 보고 나서 임플란트를 하자고 의사는 말했었다.

그동안 임시 치아로 번거로움을 참으며 지내오던 터라 어찌됐든 하루라도 빨리 임플란트 시술을 하면 좋겠다는 바람으로 약간 설레기까지 했다.

의사는 내 치열궁 전체를 들여다보고 나서 발치했던 부분을 유심히 살폈다. 그러고는 단호하게 말했다.
"이 부분은 제가 못하겠네요."
마땅한 치과 주치의를 정하지 못하다가 수년 전부터 겨우 마음속으로 정한 주치의였다. 의지했던 주치의에게 치료를 거절당한 것 같아 놀람과 실망을 감추지 못하자 의사는 부연 설명을 했다. 발치하기 전에 이미 염증이 심했고 수개월이 지난 지금도 치골의 두께가 너무 얇아서 임플란트를 심을 수 없다는 것이다. 실의에 빠진 내가 몸을 일으킬 생각을 하지 않자 의사는 치아전문병원에서는 방법이 있을 수도 있다고 덧붙였다.
평생 앞니가 빠진 채로, 궁할 때는 임시 치아로 가리고 살아야 한다는 말과도 같게 들렸다. 참담한 마음 때문에 바다 깊은 곳으로 가라앉는 듯했다. 치과에 들어올 때와는 달리 우울해져서 진료용 의자에 누운 채로 나는 바쁜 의사에게 이것저것 질문을 했다.
의사는 벙벙해 있는 나에게 엎친 데 덮치는 한마디를 했다. 발치한 곳 옆의 치아도 흔들려서 오래 쓰지 못할 것이라고. 그러나 그 이는 임플란트를 심을 수 있어 보인다고 했다. 의사의 말을 종합해 보면 '가장 문제가 되는 것은 발치를 했지만 치골의 두께가 얇아서 임플란트를 이 치과에서는 심을 수 없다.'가 된다.

심각한 상황에서도 솟아날 방법은 늘 있듯이 불편한 점은 있지만 임시 치아로 당분간은 지낼 수 있다는 게 그나마 다행이다. 그다음 문제는 다음에 생각하기로 했다.

의학박사이자 의학 전문 기자인 홍혜걸 씨가 한 강연회에서 청중에게 이런 질문을 했다.

"인간이 앓고 있는 질병의 가짓수는 얼마나 될까요?"

의학지식에 해박하지 않고서는 좀처럼 맞히기 어려운 질문이다. 방청객들이 저마다 한마디씩 하는 사이 소란스러워지자 그는 국제 질병 분류에 의하면 인간의 질병은 12,420가지라고 정답을 알려줬다. 곧이어 그가 또 질문을 던졌다.

"인간에게 가장 흔한 질병은 무엇일까요?"

여기저기에서 감기, 암, 우울증 등 그럴듯한 답이 날아들었다. 하지만 그가 밝힌 정답은 잇몸질환이었다. 성인 열 명 중에 일고여덟이 앓는다고 한다. 이어 그는 두 가지 질문을 더했다. "가장 치명적인 병은?" 광견병(공수병)이며, "가장 나쁜 병은?" '혈관질환'을 꼽는다고 말했다.

발치 상태에서 임플란트조차도 할 수 없는 상황이 앞으로의 내 삶에 걸림돌인 것만 같았다. 삶의 질을 떨어뜨릴 주범 같아서다. 치과에서 돌아와서도 감정은 나락으로 떨어져 도무지 의욕이 생기지 않았다. 평소 거침없이 의욕을 앞세우던 나에게서 보기 드문 모습이다.

그런데 의학 전문 기자의 말 덕분에 위로를 받는다. 이 하나 없는 것쯤이야 그가 말하는 가장 치명적인 질병도 아니고 가장 나쁜 병도 아니지 않은가. 더구나 가장 흔한 질병이라는데 우울해하고 처질 이유가 있을까.

못 말리는 운명론자는 아니지만 해당 이는 이미 오래전에 문제를 안고 있어서 언젠가는 뺄 운명이었다. 20여 년 전의 어느 날부터 징조가 있었다. 삼십 대 초반 때였는데 평상시에는 느끼지 못했지만 피로한 날에는 잇몸에 날치알 같은 게 혀끝에 감지되었다. 별 통증이 없어서 무심히 넘겼다. 피로가 쌓이면서 잇몸의 날치알도 자주 모습을 드러냈고 급기야 약간의 통증도 느껴졌다.

좋지 않은 느낌은 실제상황과 크게 어긋나지 않는 법인 것 같다. 가까운 치과에 갔더니 의사가 말했다.

"큰 병원에 얼른 가보세요."

원래 의사 양반들은 만일의 경우를 생각해 과장하는 경우가 있어 겁주려고 그런가 보다 했다. 좁쌀보다 약간 더 큰 날치알만 한 물집이 잇몸에 생겼기로서니 큰 병원에 갈 일인가 싶었다. 그러면서도 의사의 권고를 무시할 수 없어 강릉의 치과 전문 대학병원을 방문했다.

교수가 비춰주는 거울 속의 문제 치아는 어느새 거무스레 변해 있었다. 치근에 염증이 생겨 치근 끝을 잘라내는 수술을 해야 한다고 했다. 윗잇몸 전체의 반 정도를 절개한 다음 해당 치근을 잘라내고 봉합하는 수술이었다. 얼굴 전체가 부어 신인新人 크로마뇽인처럼 되었고 통증으로 몇 날을 지새울 만큼 만만치 않은 과정이었다.

병은 소문내라는 말이 있다. 별거 아니라고 생각하고 무심히 지나쳤던 일이 사실은 간단한 일이 아니었던 것이다. 잇몸 속의 염증은 몸 상태가 좋지 않은 날을 골라 그간 주인에게 계속 신호를 보냈던 셈이다.

그 당시 치의대 학생들을 죽 둘러 세워놓고 치료과정과 후의 사진을 찍게 하던 교수는 '일단 급한 불은 껐으니 발치하는 것보다는 그래도 자연 이를 조심해서 쓰는 데까진 써 보라.'고 했었다. 그러곤 검게 변한 치아를 미백하는 과정도 별도로 거쳤다. 그랬던

이였으니 지금까지 20여 년을 함께해 오는 동안 염증을 간혹 일으키기도 한 이를 뺀 사실을 두고 미련을 가질 일은 아니다.

　나에게는 아직 임시 치아가 있다. 본인은 인정하기 싫겠지만 보편적인 신체 연령도 고려해야 한다. 최악보다는 차악에 그친 것을 감사해야 할 일인 것 같다. 이렇게 나는 깨달음이라는 내 인생의 디딤돌을 하나 또 놓는다. 걸림돌이라고 생각했던 일이 자신을 돌아보고 나아갈 힘을 얻는 디딤돌이 될 줄이야.

(2020. 8.)

쁘뜨리 언니

어젯밤에 큰언니로부터 붙들이 언니 소식을 전해 들었다. 예전에 고향 양뺑이에 좀 살다가 강 건넛마을로 이사를 갔던 언니다. 내가 쓴 글 중에도 '붙들이'라는 이름이 한 번 등장한다. 바로 그 인물, 기억 속에 존재했던 과거의 여인이 현실로 다가와서는 마술사처럼 나를 반세기 전으로 데려가는 마술을 선보였다.

지금부터 나는 마술사의 손에 이끌려 양뺑이라는 무대 위에서 펼쳐지는 흑백영화를 보듯이 과거를 그려보려고 한다. 큰언니에게 보낸 붙들이 언니의 언어들을 보면 황순원의 '소나기'급의 소설이다. 오십 년이 흐른 시점에도 미술사의 언어는 양뱅이의 과거가 눈에 보이듯 생생하다. 단어 하나도 빠뜨리지 않고 다 잡고 싶은 욕심이 났다.

붙들이 언니와 관련하여서는 단편적인 기억들만 있을 뿐 뚜렷한 기억은 많지 않다. 그 당시 붙들이 언니는 동네에서 좀 무시를 당하던 인물 중에 한 사람이었던 걸로 기억된다. 사시라는 신체적 약점 때문이었는지는 정확하게 알 수 없다. 나보다 한 살 위라 한동네에서 같이 어울렸을 법도 한데 사람들의 행동을 보고 은연중에 가까이하지 않았던 것은 아니었을까. 의도하지 않았더라도 무심한 말과 행동은 때로 비수가 되어 다른 이의 가슴에 깊이 꽂히기도 한다. 나도 그 무리 중 한 사람이었다면 이 노릇을 어쩌면 좋을까 싶다. 그러나 붙들이 언니 자신도 그때의 자신을 "쁘뜨리는 존재감도 없었지."라고 말한다. 그럼에도 그때를, 고향을 그리워한다.

동네 사람들이 왜 '영순'이라는 이름을 놔두고 붙들이라고 불렀는지 나는 모른다. 붙들이 언니가 '쁘뜨리'라고 다소 프랑스풍의 이름처럼 표현한 것이 '붙들이'보다 사실적이긴 하다. 그땐 정말 내가 듣기에도 '쁘뜨리'로 들렸다.

동네 사람들은 작명가였던가 보다. 본명을 두고 다른 이름을 지어 불렀다. '붙들이'를 비롯해 도랑 건넛집의 막내딸 장영숙을 '장미'라고 불렀고, 장기영을 '영아'라고 불렀다. 큰언니를 '인숙'이라는 이름 대신 '갑년'이라 불렀을 뿐만 아니라 마을 사람들은 말만 한 가시내가 될 때까지 나를 '아가'라고 불렀다.

마술사가 불러온 언어 속에 '아가'는 고스란히 살아 있다. "가끔 양뱅이에도 갔었어. 아가네 집터를 보면서 아가도 생각나고. 아가네 아부지가 딸내미 똑똑한 것에 기쁨으로 가득하던 모습도 생각나. 양뱅이를 떠나올 때 난 초등학교 5학년이었어. '내 고향 가고 싶다 그리운 언덕…' 그 노래를 매일 부르며 양뱅이 산을 쳐다보면서 울었어. 고향 땅이 지척인데 강 건너에서 많이 그리워하다가 1년 후 놀러 갔을 때 아가가 따주던 앵두…."

나도 몰랐던 나에 대한 기억을 마술사의 언어를 통해 알게 되는 일은 묘한 감흥을 일으킨다. 그동안 잊고 살았던 '아가'라는 존재가 다시 살아난다. '아가'는 이사 간 후 고향에 놀러온 '붙들이' 언니에게 앵두를 벤또에 따서 주었다고 한다. 물론 그마저도 내 바로 위의 영숙이 언니가 '우리 앵두'라며 뺏었단다.

정신 차리세요!

우리 집은 앵두나무로 울타리를 둘렀었다. 뒤란에 온통 빨간 앵두가 탐스러웠었다. 뒷집의 지 씨네 막내아들이 집 쪽으로 뻗은 가지에서 앵두를 따 먹자 아버지가 아예 한 그루를 "너 따 먹어라." 하고 주었다. 붙들이 언니도 우리 집 앵두나무가 부러웠다고 한다. "십여 년 전에 가게 뒤꼍에 앵두나무를 심었는데 지금은 많이 벌어졌고 앵두도 많이 달려." 수더분했던 붙들이 언니에게는 빼앗긴 앵두가 한이 되었던가 보다.

나를 요즘은 '아가'라고 불러주는 사람이 없다. 고향 사람들을 만날 일도 거의 없을뿐더러 있다고 해도 오십 중반의 아줌마에게 '아가'라고 누가 불러줄까. 그런데 쉰여섯의 붙들이 언니가 쉰다섯의 나를 '아가'라고 불러주었다. 뛰어놀다 '다리 밑의 도랑에 띄워 두었던 단지에서 열무김치를 훔쳐 먹던 기억'까지 내 눈앞에 펼쳐놓아 입안에 침이 돌게 하는 붙들이 언니는 진정 마술사가 분명하다.

마술사는 양뱅이 '아가'네 집도 생생히 재현해냈다. "비가 오면 아가네 양철 지붕에서 요란한 소리가 나곤 했는데, 그런 소리조차 추억이 되었네. 아가네가 방을 하나 더 만들어서 누에도 쳤지. 그 방을 새로 만들었을 적에 나도 하룻밤 잤는데." 나도 모르는 사이에 붙들이 언니는 우리 집 건넌방을 새로 만든 기념으로 와서 묵고 갔단다. 포도 넝쿨 아래에 평상을 두고 누워 포도알이 검게 익어가는 것을 세곤 했는데, 어느 해인가 아버지는 그 자리에 방을 하나 더 놓았다. '아가'보다도 '아가'네 사정을 훤히 꿰는 붙들이 언니의 총기가 부러울 따름이다.

큰언니에게 보낸 것이라서 우리 집에 대한 내용이 많은 것이겠지만 그렇다 해도 나보다 붙들이 언니가 우리 집 사정을 더 많이 알고 있는 것 같다. 우리 가족을 줄줄이 소환한다. "단양 장날이면 얼큰하게 취하셔서 산골짜기 집을 찾아오시던 아가네 아버지 김두한! 어르신. 사실 그때는 김두한이 누군지도 몰랐지. 그런데도 얼마나 대단해 보이던지. 그런 어르신도 오래전에 백골이 되셨네." 우리 아버지가 술만 드시면 이름 자랑하시던 건 나도 기억한다. 나도 그땐 김두한이 어떤 인물인지 몰랐다. 아버지가 뒤란의 앵두나무나 말벌이 파먹던 단 배나무를 자랑하셨더라면 어린 나도 인정했을 텐데. 우리가 모르던 이름으로 자랑삼아서 인기점수가 깎였다.

붙들이 언니 덕분에 없던 입맛도 살아나려고 한다. "한여름에 감자를 한 다라이씩 들고 와서 아가네 감나무 밑에 둘러앉아 에지레이*로 감자를 긁었어. 점심에는 시커먼 보리밥에 감자를 넣어 쪄놓으면 부모님이 밭에서 돌아와 맛나게 드셨지. 갑년이 언니는 김치를 맛나게 담갔는데. 아가네의 노란 좁쌀밥이 먹음직스러웠어." 우리 집 감나무 그늘이 좋아서 동네 가시내들은 감자를 긁으러 모여들었다. 한참 긁다 보면 얼굴과 머리카락에 흰 녹말이 튀어 서로를 바라보며 놀리곤 했었다. 나는 모래알 같은 좁쌀밥에 물렸었는데 붙들이 언니는 우리 집 좁쌀밥이 부러웠던가 보다. 하긴 나도 어쩌다 남의 집에서 먹던 밥이 맛있었다.

붙들이 언니의 추억 창고 대방출인가 보다. 추억은 실타래 풀리듯 술술 나온다. "지금쯤이면 도랑에서 감자 썩는 냄새가 진동했는데. 감자떡이 굉장히 맛있었어. 집 앞의 도랑이 꽤 넓었어. 아가네는 앞 도랑을 전용으로 썼고, 아가랑 같이 도랑에서 목욕도 했는데, 아가도 기억할까?" 물론 기억한다. 한여름 달밤에 이를 부딪치며 목욕하던 추억을 어찌 잊을까. 다만 동네 가시내들이 여럿 같이했던 것은 기억나는데 붙들이 언니도 그중에 있었던 건 이제 알았다.

---

* 에지레이 : 당시 시골에서 놋숟가락으로 감자 껍질을 벗기곤 했는데, 전용으로 오래 쓰다 보면 놋숟가락이 비스듬히 닳았다. 감자 껍질을 벗기는 전용 놋숟가락을 일컬었던 말이다.

붙들이 언니는 참으로 별별 것을 다 기억한다. "그때 갑년이 언니는 사춘기였는데 처녀 같았어. 산골에 한날은 학교 선생님이 가정방문을 오셨는데 언니랑 후남이 이모가 도망가고 난리였어." 사춘기를 맞은 가시내들이 좁은 동네에서 도망가 봤자 어디로 간다고 튀었을까. 하긴 그때는 선생님이 찾아오시는 게 왜 그렇게 부끄러웠던지. 지금 생각해 보면 그 당시의 시골 학교 선생님들은 무척 힘들었을 것 같다. 우리 동네는 학교에서도 가장 먼 동네였는데 그곳까지 가정방문을 걸어서 오셨을 텐데, 참 오래전의 전설 같은 이야기다.

붙들이 언니는 전설 같은 이야기를 또 한다. "가을 어느 날 태동이 오빠가 소죽을 끓이면서 라디오를 듣는데 난 아궁이 앞이 따듯하니까 엉덩이를 들이대고 놀다가 추석빔으로 얻어 입었던 나일론 바지가 찍 눌어붙었어. 꽤 이뻤었는데. 태동 오빠가 그때 노래를 참 잘 불렀어. 지금도 트로트를 들으면 그때가 생각나. 지금 계시면 미스터 트롯을 나가도 될 텐데…." 나도 가끔 작은오빠 생각이 난다. 재주도 많고 인간적인 면모를 지니고 있었지만 불운한 시절을 살다 젊은 날에 떠난 오빠다. 미술사는 내가 오빠도 잠시 만나게 해주었다.

붙들이 언니의 등장으로 고향과 고향 사람들, 그리고 돌아가신 아버지와 오빠 등을 옛날 양뱅이로 다시 불러들여 한바탕 마을 잔치를 연 기분이다. 왠지 모르게 서먹하지만 마음속에 남은 애잔한 인물 붙들이 언니에게 나는 고향을 품고 있는 내 기억보따리 《종지봉》을 선물하려고 한다. 그러나 "아가는 시인이 되었다면서?" 누군가로부터 나의 소식을 들었나 본데, 아가가 시인이 아니라는 걸 알면 실망하겠지만 나는 수필집을 보내려고 한다.

붙들이 언니. 꿈에도 잊지 못하는 고향 양뱅이를 나보다 더 사랑하는 여인. 뇌출혈로 인한 세 번의 뇌수술을 하고 혼자 바깥 출입을 하지 못한다는 '쁘뜨리' 언니를 위해서 나는 언니에 대해 들려줄 이야기가 없다. "못난 내 모습도 들려줘."라고 말했다는 '쁘뜨리' 언니를 위해 이 글이나마 바치고 싶다.

(2020. 9.)

| 출간을 축하하며

윤경화(수필가)

저자의 청탁을 받고 잠시 망설였다. 나의 한 마디가 잘 차려진 상에 어울리지 않는 한 접시의 음식이 되지 않을까 싶어서다. 다시 생각해 보니 그녀의 식탁에 축하와 감사의 꽃을 올려도 좋을 듯해 마음을 정하고 탈고 과정에 만났던 《쁘뜨리 언니》를 다시 더듬어 보았다.

어느새 그녀는 물살을 가르고, 파도와 바람을 읽는 아름다운 선장이 되어 있었다. 저자의 삶이 글과 더불어 끊임없이 성장하고 익어가는 것을 목도했다. 그녀의 글은 세상을 항해하면서 만난 수많은 파고와 한 몸이 되어 지혜롭게 항해한 고급스럽고 사유가 깃든 항해 일지였다.

사람은 모두 인생이란 배를 끌고 세상을 건너야 하는 선장이다. 어느 인생이 파고 없는 바다에서만 항해할 수 있을까. 많은 사람은 의미 있는 항해를 성공적으로 하기 위해 노력한다. 열여섯 해 동안 보아 온 저자는 보기 드물게 끊임없이 성장하는 좋은 에너지를 가진 사람이다.

그녀의 글은 행동과 일체를 이루기에 강한 매력을 발산하는 것이 아닌가 싶다. 글의 흡인력은 진실성이 느껴지는 좋은 문장에서 나온다. 그와 같은 문장은 저자의 건강한 삶의 자세가 받쳐줄 때 더욱 빛난다. 그런 의미에서 김명숙 수필가의 《쁘뜨리 언니》는 끝없이 성장하는 모습을 오랫동안 보여줄 것 같아 설렘이 더 크다.

사람이 일을 할 수 있는 능력은 연령에 제한을 받는다. 하지만 문학, 특히 수필이라는 장르는 나이가 들어도 빛나는 글을 쓰는 사람이 많다. 김명숙 수필가 또한 그런 작가가 될 것이라 믿는다. 그녀의 무한한 성장에 축하의 박수를 보낸다. 《쁘뜨리 언니》를 따끈할 때 읽게 해준 작가에게 감사한 마음도 함께 전한다.

출간을 축하하며

김예솔(30세, 연세대학교 간호대학 박사과정)

2016년 엄마의 첫 수필집 《종지봉》이 출간된 후 벌써 4년이 흘러 2020년이 되었다. 그동안 꾸준히 글을 써온 것은 알고 있었지만 마흔다섯 편이 담긴 두 번째 책을 낸다는 소식을 들었을 때 놀랐다. 계산해 보면 한 달에 한 편 정도 꼬박꼬박 써야 이 정도 양이 되는 것이기 때문이다.

한 권의 책에는 한 사람의 인생이 담겨 있다고 생각한다. 한 편의 수필이 모여 한 권의 책이 되려면 얼마나 사색해야 하고, 얼마나 고민해야 하며, 얼마나 써야 하고, 얼마나 고쳐야 할지 가늠이 되지 않을 정도이다. 그럼에도 힘겨운 과정을 글이 좋다는 이유로 헤쳐나가는 엄마가 장하고 대단하고 자랑스럽고 존경스럽다.

어떻게 하면 엄마와 같은 삶을 살 수 있을지 나는 아마 이생에선 깨닫지 못할 것 같다. 대신 이 책에 담긴 엄마의 글을 통해 조금이나마 경험해 볼 수 있지 않을까 생각한다.

엄마의 글은 옛것을 말하면서도 요즘 문물이 담겨 있고, 요즘 것을 말하면서도 추억이 함께 담겨 있다. 그렇기에 어느 누가 읽어도 공감하며 읽을 수 있을 것이다. 또한 엄마의 글은 상대방을 위해 정성껏 차린 한정식처럼 정갈하다. 세상에 글 한 편을 내보내기 위해 고민하고 퇴고하는 오랜 시간이 깃들어 있기에 글에서 정갈함을 느낄 수 있는 것은 아닐까.

나는 이따금 엄마의 글에서 내 모습을 발견하기도 한다. 다른 사람의 시각이나 관점으로 나의 모습을 본다는 것은 쉽게 경험하기 어려운 일이다. 이를 통해 잊고 지냈던 순간을 떠올리기도 하고, 살짝 부끄럽기도 하고, 반성하기도 한다. 엄마의 글 덕분에 이렇듯 소중한 경험을 할 수 있다는 것에 감사하고 행복하다.

누구에게나 매일 똑같은 하루가 주어진다. 누군가는 시간을 헛되이 흘려보내기도 하지만 누군가는 음악으로, 미술로, 글로 하루하루를 표현해낸다. 엄마는 후자의 누군가이다. '글 안경'을 끼고 세상을 바라보는 엄마의 시선을 통해 우리는 책을 펼치기만

하면 그 세계를 간접 경험할 수 있다. 많은 사람들이 그 세상을 함께 바라보면 좋겠다는 소망을 담아 글을 마친다.

김명숙 수필집

뽀뚜리 언니

인쇄 2020년 12월 3일
발행 2020년 12월 6일

지은이 김명숙
발행인 서정환
펴낸곳 수필과비평사
주소 서울시 종로구 삼일대로 32길 36(익선동 30-6 운현신화타워) 305호
전화 (02) 3675-3885, (063) 275-4000 · 0484
팩스 (063) 274-3131
이메일 sina321@hanmail.net essay321@hanmail.net
출판등록 제300-2013-133호
인쇄 · 제본 신아출판사

저작권자 ⓒ 2020. 김명숙
이 책의 저작권은 저자에게 있습니다. 서면에 의한 저자의 허락없이 내용의 일부를 인용하거나 발췌하는 것을 금합니다.
COPYRIGHT ⓒ 2020. by Kim myeongsuk
All rights reserved including the rights of reproduction in whole or in part in any form.
저자와 협의, 인지는 생략합니다.
잘못된 책은 바꿔 드립니다.

ISBN 979-11-5933-306-4 03810

값 13,000원

> 이 도서의 국립중앙도서관 출판예정도서목록(CIP)은 서지정보유통지원시스템 홈페이지 (http://seoji.nl.go.kr)와 국가자료공동목록시스템(http://www.nl.go.kr/kolisnet) 에서 이용하실 수 있습니다.(CIP제어번호: CIP2020051268)

Printed in KOREA

* 이 책은 2020년 하반기 한국예술인복지재단의 지원을 받아 발간되었습니다.